やまがた景観物語 100

Yamagata Landscape Story

自然に触れ
歴史に触れ

Nature
History

陽だまりのように あたたかいぬくもりへ 会いに行こう

風や川の音を感じながら、野山をかけ回り、川遊びをしたり、虫をとったり…。
「ただいま」「おかえり」そんな声が聞こえてきそう。
どこにでもあった懐かしい風景は、心をまっさらに洗ってくれます。
時の流れを紐解けば、何物にも変えがたい特別な時間が…。
色づく四季の移ろいとともに変わる表情。
変わらないのは自然・まちなみ・人のぬくもり。
日々の暮らしの中で、忘れかけているぬくもりがここにはあります。
　暮らしに調和し、息を呑むほどに美しい景観。
大好きな山形の景観を未来へつないでいきたい。
陽だまりのように、あたたかい気持ちが生まれる景観へ
会いに行きませんか？

やまがた景観物語100

きてけらっしゃい

春

Spring

雪溶けの薫り
春はすぐそ

山形の永い冬が終わりを告げると、暖かくやわらかな
雪溶けの薫りがまちを包みます。
梅、桜、りんごや桃の花が咲きだして、
ミツバチ、ハナアブ、ルリシジミ、いろんな虫たちが
飛びまわる命のパレードがやってきます。
そんな春の便りを待ち侘びて―。

やまがたの四季

上山城天守閣から見る蔵王連峰

春の訪れとともに芽吹くぜんまいやわらびなどの山菜。
山形のわらびは全国生産量日本一を誇る。

県指定天然記念物のチョウセンアカシジミ。
県内には稀少な動植物が数多く生息している。

夏

Summer

鮮緑の若葉から
深緑の青葉へと

木々の葉は青く、薫風清らかな夏の訪れ。
若草色、柳緑色、碧色、老緑、松葉色…
木々の種類だけの数えきれない緑色に山々が
染まるころ。
人も自然も夏の光にさざめき、輝くー。

山寺 五大堂から見る初夏の風景

クラゲ展示種類数で世界一を誇る加茂水族館。
幻想的でひんやりとした空間は夏にピッタリ。

幻想の森の大杉。タコの様に枝分かれした幹が特徴的。
県内には貴重な森林が数多く残されている。

秋

Autumn

山は錦
玄鳥去《つばめさる》ころ

白露。春先にやってきたツバメは南へと帰り支度をはじめます。そのころになると山々は紅葉に色付き、里は新米や新蕎麦、きのこや果物であふれます。
目と舌で味わう山形の色彩。
耳をすますと遠くから冬将軍の足音が
聞こえてきます。

最上峡 白糸の滝付近の山々

山形県を代表する味覚の芋煮。毎年9月には
「日本一の芋煮会」が開催される。

山形県産の原木まいたけは自然に近い環境で育つため、
味・香り共にまるで天然物のよう。

冬

Winter

しんしんと
雪踏《ゆきふみ》の音が響く道

あの山に３回雪が降ったら町にも雪がやってくる。

あっという間にやってくる。

野山が銀世界に染まるころ、土の下ではいろんな命が眠りについて、人々が寒さに耐えて辛抱強く春を待つ。寒さ知らずの雪っこたちの笑い声が、カンラカンラとこだまして—。

天童高原から見る月山・葉山の眺め

初めてみる雪はどうみえるだろう。
脈々と受け継がれてきた雪国の文化。

上山伝統の民俗行事「加勢鳥（かせどり）」
桶から祝いの水をかけ、五穀豊穣や商売繁盛などを祈る。

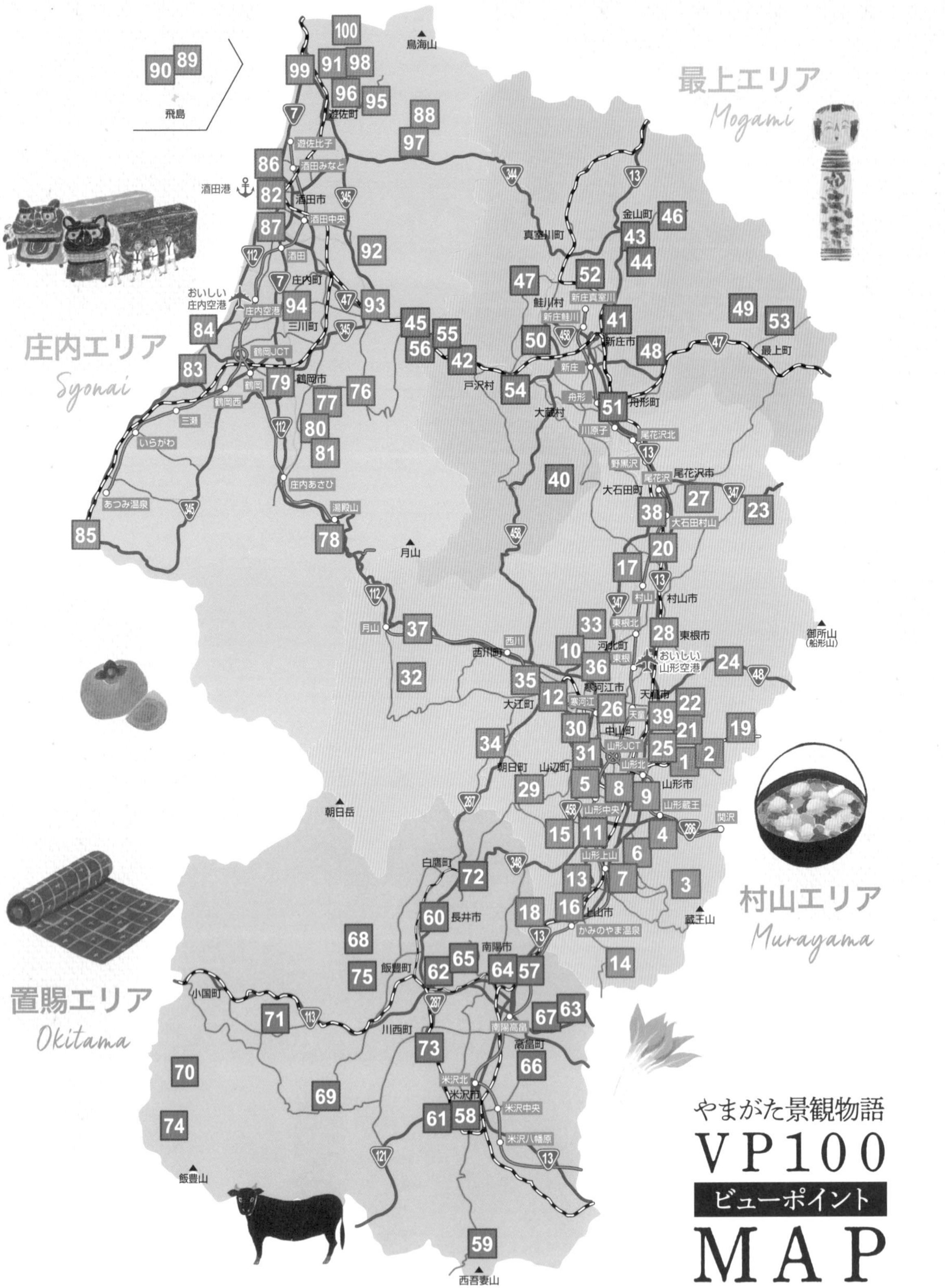

やまがた景観物語 VP100 ビューポイント MAP

1	山寺芭蕉記念館から見る宝珠山立石寺の眺め	山形市山寺
2	神秘的な空間　峯の浦・垂水遺跡	山形市山寺
3	蔵王ロープウェイ地蔵山頂駅からみる樹氷群	山形市蔵王温泉
4	日本一の芋煮会　初代大鍋から見る唐松観音	山形市釈迦堂
5	出塩文殊堂へ登るあじさい参道	山形市村木沢
6	日本夜景遺産　西蔵王公園展望広場から一望する山形市街地	山形市岩波
7	蔵王山系自然豊かなため池群　古竜湖・二ツ沼	山形市蔵王山田
8	霞城公園東大手門橋から眺める山形城跡	山形市霞城町
9	七日町大通りからの文翔館の眺め	山形市旅篭町
10	慈恩寺テラスから仰ぎ見る慈恩寺旧境内と歴史	寒河江市慈恩寺
11	難攻不落の長谷堂城跡から眺める霞ヶ城　山形城跡	山形市長谷堂
12	チェリークア・パーク虹の丘からの自然と文明が調和した大パノラマ	寒河江市寒河江
13	城下町の風情ただようかみのやま武家屋敷通り	上山市鶴脛町
14	羽州街道 楢下宿 金山川沿いから見る古民家と眼鏡橋	上山市楢下
15	ふれあい展望台からの山形市街地とそれをとりまく山々の眺め	山形市村木沢
16	上山城天守閣から見る市街地と蔵王連峰	上山市元城内
17	最上川美術館(真下慶治記念館)から見る最上川の流れ	村山市大淀
18	花咲山展望台からの上山市街地とそれをとりまく山々の眺め	上山市葉山
19	天童高原から見る月山・葉山の眺め	天童市田麦野
20	村山市富並のじゅんさい沼(大谷地沼)と田園風景	村山市富並
21	芝桜が彩る立谷川河川敷と月山の眺め	天童市荒谷
22	若松寺から見る門前町の面影と現代の街並みのコントラスト	天童市山元
23	しろがね橋から見る銀山温泉街の大正ロマン	尾花沢市銀山新畑
24	エメラルドグリーンの渓谷美 関山大滝	東根市関山
25	総合運動公園の空一面に広がるイチョウ並木	天童市山王
26	西沼田遺跡から望む古墳時代の月山	天童市矢野目
27	花笠踊りを生んだ白鳥の湖　徳良湖の四季の移ろい	尾花沢市二藤袋
28	東根城本丸跡の白壁と横綱を抱く大ケヤキ	東根市本丸南
29	古より慈しみ守り続けた原風景　大蕨の棚田	山辺町大蕨
30	重要文化財「旧柏倉家住宅」と黒塀のまちなみ	中山町岡
31	「母なる川」と「聖なる山」に見守られた日本最古の現役鉄橋	中山町いずみ
32	大井沢から見る寒河江川の清流と霊峰月山	西川町大井沢
33	紅花文化を偲ぶ豪商旧堀米邸と紅花畑の眺め	河北町谷地
34	朝日町一本松公園から眺める椹平の棚田	朝日町三中
35	楯山公園(日本一公園)からの最上川と左沢の街並み	大江町左沢
36	月山と寒河江川の景観が調和する華麗な溝延桜づつみ	河北町溝延
37	寒河江ダム展望広場から見る高さ日本一の大噴水と水の魅力	西川町砂子関
38	大石田町虹ヶ丘公園から見渡す最上川	大石田町今宿
39	舞鶴山から見下ろす天童のまちなみ	天童市天童城山
40	ほたる火の里大蔵村 四ヶ村の棚田	大蔵村南山
41	人と農の融合　エコロジーガーデン「原蚕の杜」の自然と昭和初期建造物群	新庄市十日町
42	本合海の最上川河川敷から眺める八向楯	新庄市本合海
43	楯山から見る金山の街並みと月山・葉山の遠望	金山町金山
44	大堰公園から眺める大堰鯉と金山のまちなみ	金山町金山
45	樹齢 1000 年を超える天然杉の群生地　幻想の森	金山町有屋
46	樹齢 300 年を超える美林　大美輪の大杉	鮭川村曲川
47	推定樹齢 1000 年　天然杉の御神木　小杉の大杉	戸沢村古口
48	舟形若あゆ温泉からの山河と里の眺め	舟形町長沢
49	四季折々に美しい　最上白川砂防堰堤	最上町法田
50	古の動植物と語らう米湿原の眺め	鮭川村川口
51	猿羽根山から見る月山と最上川の眺め	舟形町舟形
52	真室川町野々村ため池から望む鳥海山	真室川町内町
53	最上町前森高原から見る神室連峰	最上町向町
54	道の駅とざわから見る高麗館と最上川	戸沢村蔵岡
55	古口排水機場から眺める母なる川最上川と夕日	戸沢村古口
56	義経と芭蕉　伝説と史実が交わる最上峡白糸の滝	戸沢村古口
57	南陽スカイパークから見る白竜湖と置賜盆地の眺め	南陽市赤湯
58	軍神・上杉謙信を祀る美しきパワースポット 上杉神社	米沢市丸の内
59	西吾妻観光の源　天元台高原からの米沢盆地と日本百名山	米沢市李山
60	白兎駅から見るフラワー長井線と西山の眺め	長井市白兎
61	御成山公園から見る米沢盆地と吾妻連峰	米沢市舘山
62	八ヶ森より望む長井の眺望	長井市今泉
63	高畠石の不思議空間　瓜割石庭公園	高畠町安久津
64	烏帽子山公園「千本桜」に始まる四季の移ろい	長井市寺泉・平野
65	縁を結ぶ熊野大社への参道と大銀杏の眺め	南陽市宮内
66	日本三文殊　亀岡文殊の知恵への参道石畳と杉並木	高畠町亀岡
67	まほろば古の里歴史公園から見る安久津八幡宮の荘厳なたたずまい	高畠町安久津
68	竜神大橋から眺める「ながい百秋湖」の四季の彩り	南陽市赤湯
69	湖畔から見る白川湖と飯豊連峰	飯豊町須郷
70	小国町樽口峠からの飯豊連峰の大パノラマ	小国町小玉川
71	横川ダムに佇み思い出を抱える大イチョウ	小国町市野々
72	一世紀を超えても活躍を続ける鉄道橋“荒砥鉄橋”と最上川	白鷹町荒砥甲
73	国指定史跡 下小松古墳群から見る　米沢盆地の眺め	川西町下小松
74	天狗橋からエメラルドグリーンに輝く渓谷を望む	小国町小玉川
75	どんでん平ゆり園展望台から見る日本一の田園散居集落	飯豊町萩生
76	国宝 羽黒山五重塔と表参道杉並木	鶴岡市羽黒町手向
77	日本最大の蚕室群「松ヶ岡開墾場」〜庄内藩士の開拓精神とジャパン侍シルクの源流	鶴岡市羽黒町松ケ岡
78	出羽の古道六十里越街道から見る七ツ滝	鶴岡市田麦俣
79	鶴岡公園の桜と致道博物館と金峰山の眺め	鶴岡市馬場町
80	月山高原展望台の天の川と庄内平野・鳥海山の眺め	鶴岡市羽黒町
81	創造の森からの庄内平野の眺め	鶴岡市羽黒町
82	米どころ港町さかたの山居倉庫とケヤキ並木	酒田市山居町
83	八乙女浦の伝説と黄昏の白山島	鶴岡市由良
84	大山公園　尾浦八景からの庄内平野をとりまく山々の眺め	鶴岡市大山
85	マリンパークねずがせきから見る夕暮れの日本海と弁天島の眺め	鶴岡市鼠ケ関
86	港町さかた 日和山公園から見る日本海の眺望	酒田市南新町
87	酒田市美術館庭園から望む名峰鳥海山	酒田市飯森山
88	県内一の高さを誇る玉簾の滝	酒田市升田
89	「日本海の不思議アイランド」飛島から見る日本海と鳥海山の眺望	酒田市飛島
90	飛島の「巨木の森」に佇むタブノキ	酒田市飛島
91	湧水の芸術　幻想的な水辺の空間「丸池様」	遊佐町直世
92	眺海の森から見る庄内平野と最上川、鳥海山	酒田市土渕
93	「風のまち」の田園風景にたたずむ風車群	庄内町狩川
94	庄内平野に佇む匠の技と大正ロマン　アトク先生の館	三川町押切新田
95	自然と人が作った湧水の滝　胴腹滝	遊佐町吉出
96	中山河川公園の河川敷から眺める鳥海山	遊佐町直世
97	鳥海山湯の台口に向かう「のぞき」から眺める鶴間池	酒田市草津湯ノ台
98	遊佐町の古刹・永泉寺で見る　苔石の参道と山門	遊佐町直世
99	遊佐町吹浦海岸から見る十六羅漢岩と日本海	遊佐町吹浦
100	大平展望台からの庄内平野と海岸の眺め	遊佐町吹浦

心に深く刻まれる山形の美しい自然とまちなみ

❶ガイドブック番号
ガイドブック専用の番号

❷ビューポイント番号
https://keikan.pref.yamagata.jp

❻エリア

❺関係者の声
この景観にたずさわっている方のインタビュー

❹簡易マップ

❸詳細箇所QRコード

『やまがた景観物語』とは？

山形県には、人々に感動を与える美しい景観が数多くあります。山形県では、ぜひ一度は足を運んでいただきたいおすすめの場所を「やまがた景観物語」おすすめビューポイント100として選定しました。そこには景観の素晴らしさに加えて、その景観にまつわる、歴史や物語が秘められています。いずれも車などでアクセスしやすく、駐車場なども整っており、周辺の観光スポットへの立ち寄りにも便利な場所となっています。また、これら現地のビューポイントには、やまがた景観物語の標識が立っており、記載のQRコードを読みとることで、その景観の物語や季節別の写真なども見ることができます。目の前に広がる絶景と物語をぜひ体感しに現地を訪れていただきたいです！

ガイドブックを持って現地へ行ってみよう！

このガイドブックでは、「やまがた景観物語」おすすめビューポイント全100箇所について、概要、歴史、見どころを、写真と解説文、案内マップで紹介しています。山形県内4エリアごとに、おすすめルートや食事ができる立ち寄りスポットなどを周辺観光情報としてまとめています。行ってみたい場所を見つけたらガイドブックを持って現地へ行ってみましょう！

景観の魅力を広げ、つながろう！

「やまがた景観物語」特設ホームページでは、景観に関するイベント情報やお知らせ、公式SNSの投稿画像コンテストなど、やまがたの景観の魅力を広げるコンテンツを随時情報発信しています。

※詳しい選定経過や現地標識のデザインなど事業の詳細は、QRコードからの特設ホームページから参照いただだけます。

ガイドブックの見方

❶ガイドブック番号

このガイドブック専用の、地域別に付番した番号です。

❷ビューポイント番号

これまで「やまがた景観物語」の選定委員会で選定してきた際の番号で、ホームページにはこの番号で掲載しています。（ガイドブック番号とは異なります。）

❸詳細箇所QRコード

各景観のページにあるQRコードから、「やまがた景観物語」のサイトへアクセスでき、該当する景観のより詳しい特徴や眺め、場所、周辺スポットなどを確認することができます。

❹簡易マップ

2023年 12月現在の情報をもとに作成しています。ホームページから詳細な地図で確認することができます。

❺関係者の声

地域の暮らしやビューポイントを未来に引き継いでいくため、様々な取組みを行っている地域の保存会や施設の管理人等の方々の貴重なお話です。

❻エリア

山形県にある4地域「村山・最上・置賜・庄内」で、エリアごとに景観を分けています。

村山エリア

Murayama

山寺立石寺
垂水遺跡
蔵王の樹氷
唐松観音
出塩文殊堂
西蔵王公園展望台
古竜湖
霞城公園
文翔館
慈恩寺テラス
長谷堂城跡
チェリークア・パーク
武家屋敷通り
楢下宿
ふれあい展望台
上山城天守閣
最上川美術館
花咲山展望台
天童高原
じゅんさい沼
立谷川芝桜
若松寺
銀山温泉
関山大滝
総合運動公園
西沼田遺跡
徳良湖
東根城跡大ケヤキ
大蕨の棚田
旧柏倉家住宅
最上川橋梁
大井沢
紅花資料館
椹平の棚田
楯山公園
溝延桜づつみ
寒河江ダム
虹ヶ丘公園
舞鶴山

自然が創り出した岩の芸術。木の鳥居はあまりに神聖で感嘆するばかり

cast **庄司紗千**（しょうじ さち）

山形市出身のシンガーソングライター。山形を中心に精力的にライブ、イベント活動を行っている。テレビやラジオ、CMにも出演し、その楽曲はテーマソングとしても多数使用されている。YBC山形放送テレビ「ピヨ卵ワイド」のオープニングテーマを担当。NCVチャンネルの旅番組「ふらっとりっぷ」にレギュラー出演。2019年に故郷山形に拠点を移し、YBC山形放送ラジオ「庄司紗千の夕暮れチョコレート」、長井市エフエムい～じゃんおらんだラジオ「庄司紗千のなんかステキなコトが起こりそう」パーソナリティを務める。

Yamagata
keikan
monogatari

悠久の歴史と文化を学ぶ旅

【村山エリア】

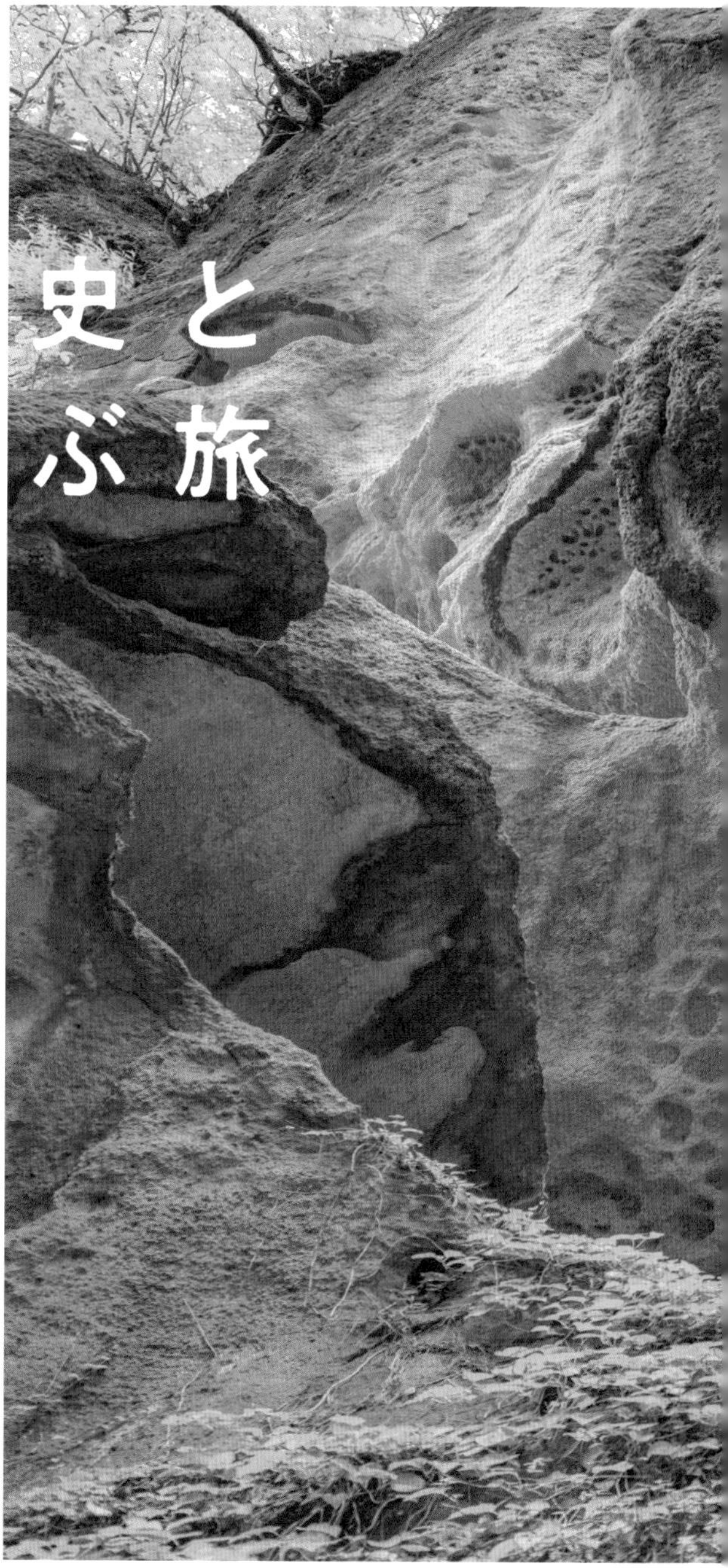

◎Viewpoint

01 七日町大通りからの文翔館の眺め
02 出塩文殊堂へ登るあじさい参道
03 重要文化財「旧柏倉家住宅」と黒塀のまちなみ
04 神秘的な空間 峯の浦・垂水遺跡
05 しろがね橋から見る銀山温泉の大正ロマン

●Traffic guide

・移動時間(車)・・・約2時間
・移動時間(バス)・・・約10分 ※銀山大正ロマン館〜銀山温泉
・移動時間(徒歩)・・・約20分 ※峯の浦・垂水遺跡
・滞在時間・・・5ポイント×30分＝2時間30分
・所要時間・・・約5時間

中世の西洋にタイムスリップしたみたい

レトロなドレスを着てコンサートをしてみたいな

大正ロマンを感じさせる華麗な建築物を季節の花々で彩る庭園

お参りする頃には、とても穏やかな気持ちに

苔むす石畳の急な階段を文殊堂へ向かう

石畳を囲むように咲き誇る紫陽花

七日町大通りからの文翔館の眺め

大正ロマンを感じさせるレンガの建物は立派でお洒落でかっこいい。何度見ても見惚れてしまう。

日差しが燦々と降り注ぐ庭園には、季節の花々が色鮮やかに競い合うように咲いている。

石畳とレンガの外壁が、ヨーロッパのような雰囲気を感じさせる中庭。中世の西洋にタイムスリップしたみたいな錯覚を覚える。中世風のレトロなドレスを着てコンサートをしてみたい。

これが県庁だなんて山形県は粋だなぁ。

出塩文殊堂へ登るあじさい参道

苔むす石畳の階段を文殊堂へ向け登っていく。お堂はまだまだかなり上、登りきれるだろうか。

石段の両脇には青や紫、いろんな種類の紫陽花が静かにどこまでも咲いている。忙しそうに花々を駆け巡るミツバチたちが愛らしい。

花の色は微妙に違っていて、グラデーションに見惚れているうちに石段を登り切っていた。ようやくたどり着いたお堂、お参りする頃には、とても穏やかな気持ちになっていた。

重要文化財「旧柏倉家住宅」と黒塀のまちなみ

見事な紅花。紅花畑の中を歩けるなんて感激！ 触ってみたらチクっと痛かった。

黒塀のお屋敷の厳かな門をくぐると、時代劇のセットみたいに立派な茅葺き屋根の豪邸が。

まるで「千と千尋の神隠し」の世界

紅花畑の中を歩けるなんて感激！

橋上の足湯に浸かってみる。熱めのお湯でびっくり

歴代の住人の息づかいが聞こえてきそう

黒塀と石畳の街並みをそぞろ歩き

白銀の滝の滝風と水しぶきのマイナスイオンに包まれる

大きな蜂の巣状の奇岩。これを自然が創ったなんて

いっぱいお祈りして、いっぱい感謝して

昔のままの台所や書斎、大きな仏壇のあるお蔵、歴代の住人の息づかいが聞こえてきそうだ。昔は家主しか通れなかったという正面の出入り口に立つと、「無礼者！」と言う声が聞こえてきそうだった。

神秘的な空間 峯の浦・垂水遺跡

抱きついて「ついてる」と10回唱えると運気が上がると言われている鳥居。うん、なんだかもういいことがありそうな気がするぞ。

調子良く山道を登ると、すぐに息がゼエゼエ。運動不足の私には中々キツイ。挫けそうになったところで、大きな蜂の巣状の奇岩が目の前に！自然が創り出した岩の芸術。木の鳥居はあまりに神聖で感嘆するばかり。

山寺にこんな場所があったなんて。岩に染み入る蝉の声は、私の耳の奥深くまで届く。

しろがね橋から見る 銀山温泉の大正ロマン

なんてレトロな世界！まるで「千と千尋の神隠し」に出てきそうな宿、真ん中を流れる川、赤い橋、夕暮れに灯るオレンジの街灯と湯煙、全てがこの素晴らしい温泉街を作り出していて、まるで映画の中にいるみたい！

街並みに感激しながら歩いていくと白銀の滝。水しぶきが頬に優しく涼しい。マイナスイオンを浴びながら透き通る川を見つめていると、日常を忘れてとてもゆったりした気持ちになった。

eigyokudo Cafe

築百年を超える石蔵を
モダンに改装したカフェ。

江戸末期創業の榮玉堂が「gura」にオープンしたカフェ。自家焙煎のこだわりのコーヒーと看板商品のクロワッサンとチーズケーキのお店です。 〒990-0047 山形市旅籠町2-1-41 gura ☎023-664-2378 インスタ：instagram.com/eigyokudo/

ARCHES KITCHEN

(アーチーズキッチン)

清流高瀬川を臨む、
洋食レストラン。

木のぬくもりを感じさせる店内。テラス席はペットもOK。ランチメニューは月替わりで、旬の野菜やお魚を使った料理を提供します。 〒990-2211 山形市大字十文字1945-1
☎023-616-3014 インスタ：instagram.com/arches2022/

やまがたクリエイティブシティセンター

Q1 (キューイチ)

創造都市やまがたの
共創プラットフォーム。

国登録有形文化財「山形市立第一小学校旧校舎」を活用した施設で、デザインや食のテナント等が入居し、マルシェなどのイベントも開催されます。 〒990-0043 山形市本町1-5-19
☎023-615-8099 HP：yamagata-q1.com

やまや園 ピザリア

抜群のロケーションと
地元食材のイタリアン。

本場イタリアの石窯で焼かれたピザは、サクサクとモチモチが共存する人気の一品。新鮮な食材をふんだんに使ったイタリアンが堪能できます。 〒990-2175 山形市大字中野目字赤坂2162-8 ☎023-663-1234 HP：yamayaen.com/pizzaria.html

酒茶房 クリエ

大正浪漫あふれる街で
ホッと一息を。

銀山温泉街の中にある、木の温もりがあふれる古民家風カフェ。人気メニューの「焼きココア」をはじめとしたドリンクメニューが豊富です。 〒999-4333 尾花沢市銀山新畑410
☎0237-28-2038

山形蕎麦の焔蔵

山寺のふもとでいただく、
本格山形蕎麦。

香り高く、甘みとコシの強い在来品種「最上早生」で作った、蕎麦どころ山形の本格蕎麦。東北の地酒と共に至福のひとときが楽しめます。 〒999-3301 山形市山寺4273-1
☎023-665-4770 HP：enzou.jp

山寺芭蕉記念館から見る
宝珠山立石寺《ほうじゅさんりっしゃくじ》の眺め

ビューポイントからの眺め 秋になり錦に染まる山寺

冬の山寺 まるで水墨画のような景色が広がる

冬の五大堂からの眺め 周囲の山々は雪に染まる

山寺は正式には宝珠山立石寺と言い、貞観２年（８６０年）に慈覚大師円仁により建立されました。東北を代表する霊山の一つで、山全体が信仰の対象となっております。

登山口から大仏殿のある奥之院まで、１０１５段もの長い石段を登って目指すのが一般的な参拝ルートです。この石段は登るにつれ煩悩が消えると言われております。山頂に近づくにつれ景色が変化していき、途中には句碑や史跡などの見どころスポットが多数点在しており、山頂まで楽しみながら登る

01

夏の山寺　芭蕉もこの景色を見たのだろうか

ことができます。山頂から眺める風景はまさに絶景です。

元禄2年（1689年）には俳聖松尾芭蕉がおくのほそ道の紀行の際この地を訪れ、「閑さや　岩にしみ入る　蝉の声」の名句を残したことで有名です。山寺芭蕉記念館は、芭蕉が山寺を訪れ300年を記念して建てられた記念館です。山寺の全景を眺められる高台の上に在り、石段を登ることなく山寺の風景を一瞬にして感じることができます。春の桜、夏の新緑、秋の紅葉、冬の雪景色、四季折々の薫りと色彩、日々移り変わる宝珠山の前に立ちゆっくりと時間をお過ごし下さい。

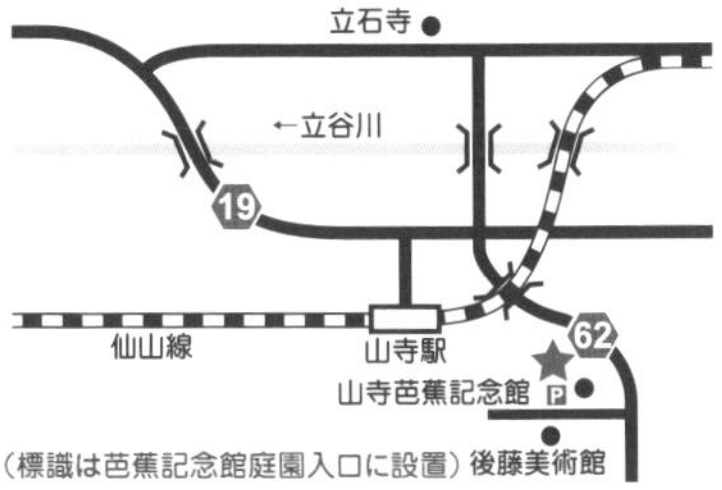

■山形市山寺字南院4223（山寺芭蕉記念館）
■鉄道／JR山寺駅から徒歩約8分
■バス／JR山形駅前から「山寺（芭蕉記念館前）行き」で約45分
■自動車／山形自動車道「山形北IC」から約20分

HPリンク

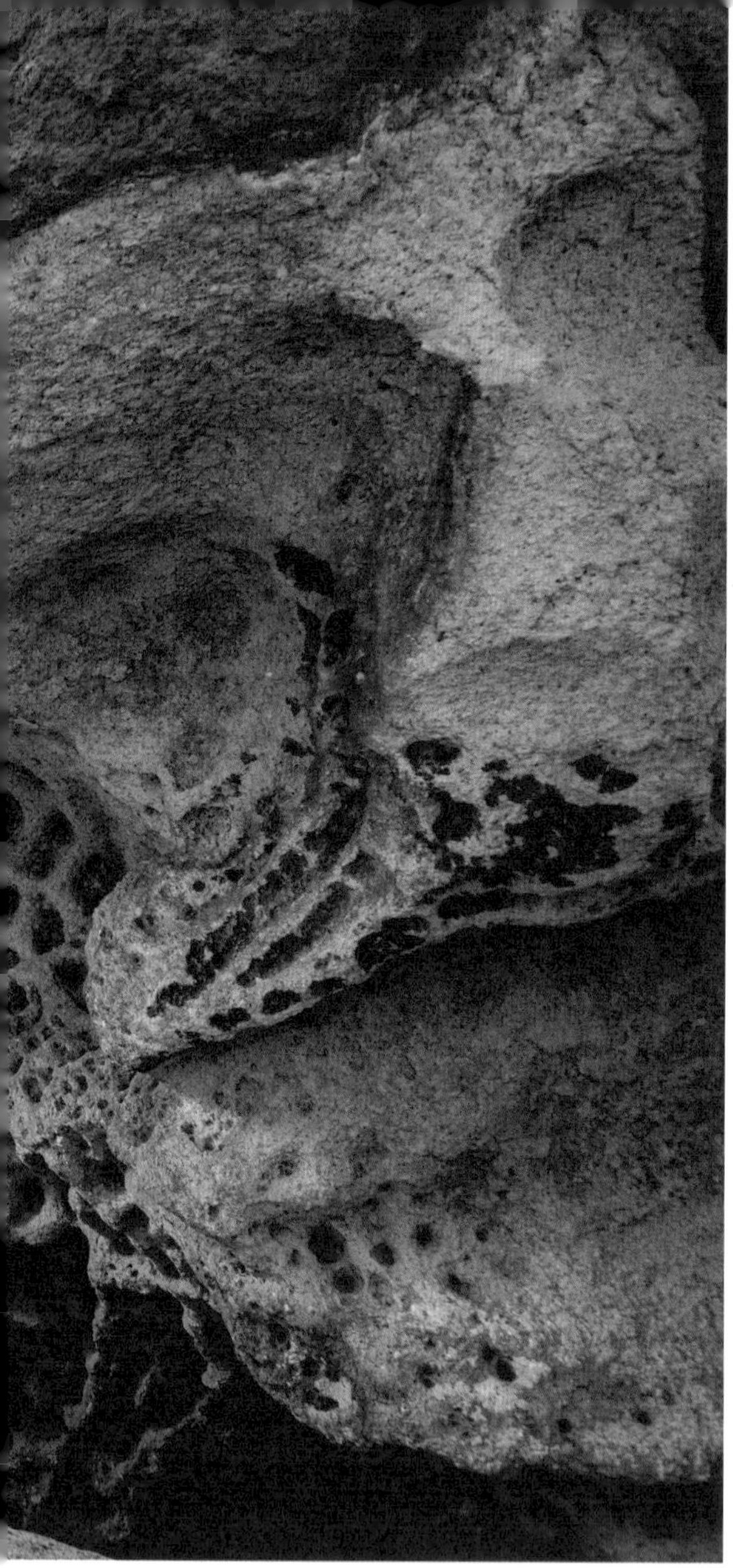

神秘的な空間
峯の浦・垂水遺跡《みねのうらたるみずいせき》

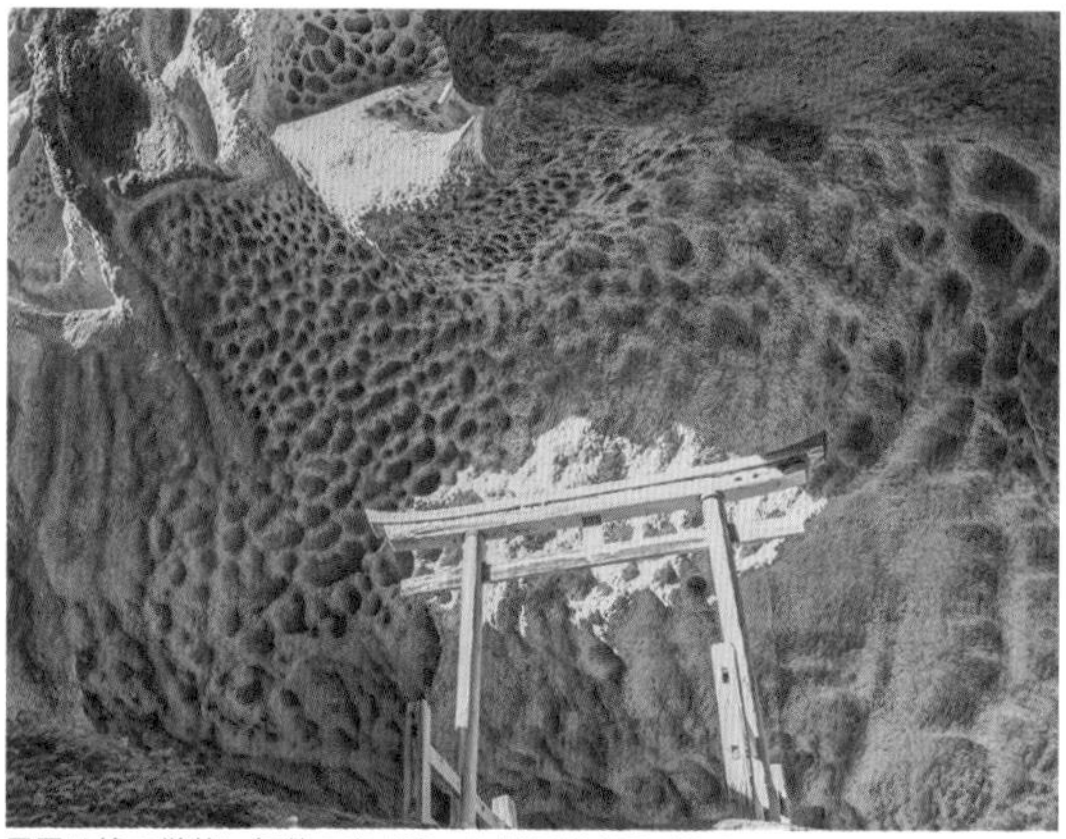

周囲は蜂の巣状に無数の穴が空いた凝灰岩がそびえる

慈覚大師円仁の修行跡地といわれる「円仁宿跡」

古峯（こぶはら）神社

山形市の有名観光地の一つである山寺。そのさらに奥地にある「峯の浦」と呼ばれる場所をご存じでしょうか。峯の浦は、かつて山寺を開山した慈覚大師円仁が山寺の構想を練った場所とされており、その中に垂水遺跡はあります。

垂水遺跡は知る人ぞ知る山寺の名所で、立石寺をさらに奥に進み、最上三十三観音の二番札所でもある千手院の裏手に入口があります。山道を進んでいくと、凝灰岩で出来た巨大な白い岩壁に蜂の巣状の穴が無数に空いており、目を見張るほどの幻想

02

自然の作り出した造形美　周囲には荘厳な空気が漂う

的な風景が眼前に広がります。岩壁中央の大きな洞には古峯(こぶはら)神社、稲荷神社があり、隣の岩の割れ目には不動明王、左手の岩肌には千手観音様が祀られており荘厳かつ神秘的な空気に包まれます。

当遺跡は大正時代まで、山伏の居住修行の姿があったといわれています。実際にその場を訪れると、無数の奇岩群とピンと張り詰めた清廉な空気からここが霊域であることを体感させられます。

垂水遺跡周辺には、山の頂で七つの岩が並ぶ城岩七岩(しろいわなないわ)や修験道跡があり、1時間半程で回ることができます。城岩七岩からのぞむ集落の風景も絶景です。

HPリンク

■山形市山寺 千手院
■自動車/JR山寺駅から参道入口まで車で約5分
垂水遺跡まで徒歩で約15分
最上三十三観音二番札所 千手院観音が登口

蔵王ロープウェイ
地蔵山頂駅《じぞうさんちょうえき》からみる樹氷群《じゅひょうぐん》

蔵王ロープウェイによる登頂

冬以外の季節でもロープウェイで四季の山々を楽しむことができる

ライトアップされた樹氷 まさにスノーモンスター

樹氷は東北地方の奥羽山脈の一部山域でしか確認されない非常に珍しい現象です。海外でもはっきりとした報告例は無く、蔵王の特殊な気象条件と植生が生んだ大自然のアートです。

蔵王に吹く風はシベリアからの北西風。霧状になった氷点下の水滴を含んだ季節風が、冬でも葉を付けるオオシラビソ（アオモリトドマツ）の木々にぶつかることで樹氷が出来ていきます。樹氷の表面は風上に向かって成長し、その特異な形状から、通称「エビの尻尾」と呼ばれ

03

村山

特殊な気象条件と植生によって生まれる樹氷　圧巻の造形美

ています。

ビューポイントの地蔵山頂駅へは、山麓線と山頂線の２線を乗り継いで登っていきます。展望台からは、地蔵山の西斜面一帯に形成された樹氷群を拝むことができ、その光景は圧巻の一言です。

シーズン期間は、樹氷がライトアップされ、夜の樹氷を楽しむことができます。漆黒の闇の中に、カラー照明で浮かびあがる樹氷の姿は、日中の白銀に輝くそれとは趣きが全く異なり、まるで幻想の世界に迷い込んだ雰囲気に包まれます。また、春の高山植物、夏の深緑、秋の紅葉も必見です。

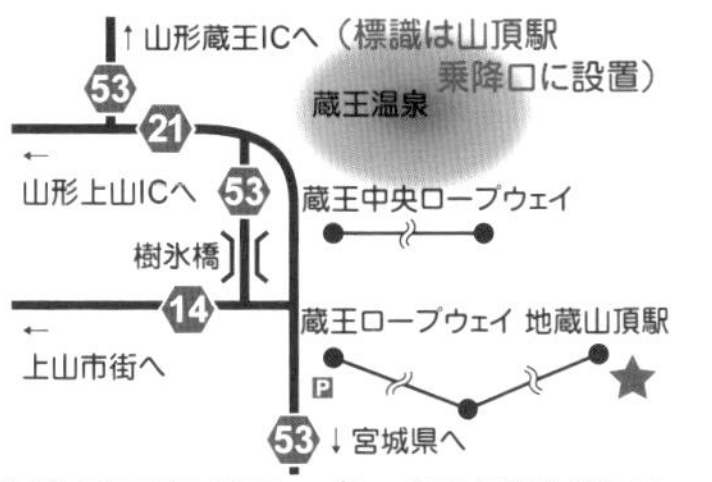

■山形市蔵王温泉（蔵王ロープウェイ地蔵山頂駅）標高1661m
■自動車/山形自動車道「山形蔵王IC」から約30分
山形空港から約50分
■バス/JR山形駅前から「蔵王温泉」行きで約40分
蔵王バスターミナルから徒歩約10分
★蔵王ロープウェイ山麓駅から樹氷高原駅で山頂線に乗り換え

HPリンク

村山

04

日本一の芋煮会 初代大鍋から見る 唐松観音《からまつかんのん》

最上三十三観音の一つに数えられ、巡礼を目的に多くの参拝客が訪れる古刹、唐松観音。平安時代の創建とされ、平清水の住人・森山氏の妻が戦死した夫の冥福を祈り、唐松山の霊窟に観音像を祀り、河岸に草庵を結んだのが始まりとされています。また、昔、清水観音のお告げによってはるばる羽州を訪れた京都の豊丸姫が、炭焼藤太という青年と結ばれて夫婦となり、その幸せな生活は観音菩薩のおかげだと豊丸姫が京都から持参した念持仏の観音像を唐松山の霊窟に安置して祀ったのが始まりとも言われています。

「日本一の芋煮会フェスティバル」は、巨大な大鍋と重機で芋煮を作る山形県を代表する恒例行事です。唐松観音前広場には、直径5.6mの初代大鍋が設置されており、巨大な大鍋と唐松観音が作る風景は絶景です。

VP No.63

■山形市大字釈迦堂7
■バス／JR山形駅からバス（宝沢・関沢・防原行）唐松観音下車、徒歩約10分
■御開帳時間／8時～17時
御朱印時間／8時～17時

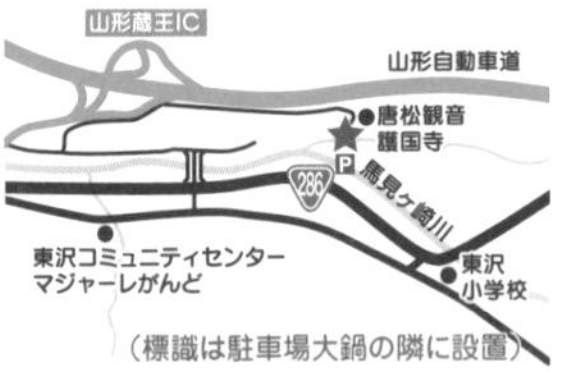

HPリンク

interview

“この景観にたずさわっているひとびと”

普段は、唐松観音のふもとの社務所で管理業務を行っております。一家で音楽好きなこともあり、唐松観音に関心を持っていただくきっかけになればと思い、ドライブイン音楽イベントを開催したこともあります。

コロナ禍が落ち着きを見せる中で、また、音楽イベント等を通じて、唐松観音を知っていただく機会を作ることが出来ればと考えています。

観音堂眼下の河原では、東沢観光協会主催の芋煮会が開かれ、最近ではキャンプをする方々も増えてきております。皆さんも、気軽に唐松観音を訪れてもらえればと思います。

唐松観音別当
石井 奥太夫（おくだゆう）さん
連絡先 023-629-2313

色とりどりに咲き誇る「あじさい参道」

05

村山

VP No.64

朱色の屋根が目印の本殿

青や紫色に色づくあじさい達

出塩文殊堂《でしおもんじゅどう》へ登る あじさい参道

出塩文殊堂は、弘法大師が約1200年前に開いたとされる古刹です。その昔、塩不足に悩んでいた村民を見かねて、弘法大師が加持祈祷を行い地面を掘ったところ、塩水が湧き出て、その塩と水を村人に与えたという故事が名前の由来とされています。文殊菩薩は学問技芸の仏様として信仰されており、学業成就のご利益があるとされています。

「あじさい寺」の通称でも親しまれ、お堂まで続く参道では、色とりどりに咲き誇る約2500株(40種類)のあじさいを楽しめます。周辺の土壌が酸性のためか、青色や紫色のあじさいが数多く見受けられ、開花時期の参道は鮮やかで美しいあじさい達で彩られます。情緒あふれる雰囲気の中、あじさいの花を愛でながら参拝されてみてはいかがでしょうか。また、毎年「むらきざわあじさい祭り」が開催され、日没後のライトアップも行われております。

HPリンク

interview

“この景観にたずさわっているひとびと”

あじさい参道は、良向寺、奉賛会、振興会等様々な方々の協力のもと美しい景観を保っています。日中のあじさいももちろんきれいですが、6月下旬から7月中旬に開催されるあじさい祭りでライトアップされたあじさいもとても魅力的です。また、地元の小学生にもあじさい参道に関心を持ってもらえるよう、挿し木を育ててもらっているのですが、ゆくゆくは参道付近に栽植できると子どもたちの思い出にさらに残るのではないかと考えています。

村木沢地区も他の地区同様、少子高齢化が進む中、あじさい参道の保全・管理を良向寺含め地域の方々が協力して続けていくことで地域活性化につながってほしいと願っています。

山形市村木沢地区振興会会長
加藤 昇 さん
連絡先 023-643-2050
(あじさい交流館)

■山形市村木沢6048
(出塩文殊堂/良向寺)
■自動車/東北中央自動車道
「山形中央IC」から約15分
山形県農業総合研究センター
から 1.2km

展望台から観るドラマチックな夜景

VP No.34

村山

日本夜景遺産 西蔵王公園展望広場《にしざおうこうえんてんぼうひろば》から一望する山形市街地

雪化粧に染まる街並み

日没後のわずかな時間に訪れるトワイライトタイム

西蔵王公園は、アスレチック遊具やキャンプ場、バーベキュー広場、芝生広場などがある、約72㌶の広大な公園です。公園内の展望台からは山形市街をパノラマで一望でき、晴れた日には月山、朝日連峰の雄大な姿を遠望できます。

展望台からの夜景は日本夜景遺産にも選ばれており、日が落ちると東北でも有数の美しい夜景を観ることができます。展望台からの景色を遮るものは何もなく、目の前には、満天の星々と人々の営みを表す街の光がシンメトリーのように映し出されます。また、日没後間もなくの、空が青から紺、紺から黒へと移り変わる時間帯であるトワイライトタイムに訪れることができれば、よりドラマチックでノスタルジー溢れる景色が貴方を迎えてくれることでしょう。

■山形市大字岩波
(西蔵王公園展望広場)
■駐車場: 10台
(大型車駐車不可)
■自動車/山形自動車道
「山形蔵王IC」から約20分
JR山形駅から約30分
山形空港から約40分
蔵王温泉から約15分

HPリンク

蔵王山系の自然豊かなため池群 古竜湖《こりゅうこ》・ニツ沼 07

広大に広がる古竜湖

施設内バンガローは無料で借りることができる

施設内ケビンからの景色

山形市街地より車で約30分、西蔵王地区の一角に古竜湖キャンプ場はあります。龍山と呼ばれる山の麓にあり、蔵王の山々を望む湖のほとりでのんびりとキャンプを楽しむことができる人気のキャンプ場です。

キャンプ場の目の前には雄大な湖が広がっており、開けた視界から眺める星空や、山並みや青空が湖面に反射した景観は感無量でしょう。

市が管理している無料のキャンプ場であり、予約すれば施設内のケビンやバンガローを無料で借りることができるため、子連れやファミリーキャンプにもおすすめです。炊事棟では山の湧水を常時流しているため、冷たく新鮮な湧水を使った調理を行うことができます。今年の夏は、豊かな自然に囲まれて、家族や親しい人とキャンプ体験を行なってみてはいかがでしょうか。

HPリンク

■山形市蔵王山田
■自動車／山形自動車道「山形蔵王IC」から約20分
JR山形駅から車で約30分

VP No.67

霞城公園東大手門橋《かじょうこうえんひがしおおてもんばし》から眺める山形城跡 08

山形城の大手（正門）にあたる東大手門から見た景色

霞城公園内にある「最上義光公之像」

開花時期にライトアップされた桜

霞城公園は、山形市街地のほぼ中央に位置する山形城跡を整備して作られた都市公園です。東北屈指の戦国大名・最上義光公がその礎を築いた山形城は、１９８６年に国の史跡指定を受け、２００６年には「日本の１００名城」に認定されています。公園内やその周囲には、山形市郷土館をはじめ、山形美術館、最上義光歴史館、山形県立博物館などの文化施設があり、観光の名所となっています。

春には約１５００本の桜が咲き誇る山形随一の桜の名所でもあり、桜の開花に合わせて「霞城観桜会」が開催され、東から南濠沿いの桜がライトアップされ、公園内外で夜桜を楽しむことができます。その他にも満開時の週末には、二の丸の水堀に舟を浮かべ、舞踏などを披露する「風流花見流し」や大茶会などのイベントが行われ、多くの人々で賑わいを見せます。

HPリンク

■山形市霞城町1-7
■鉄道／JR山形駅から車で約10分
■自動車／山形自動車道「山形蔵王IC」から車で約15分

VP No.62

七日町大通りからの 文翔館《ぶんしょうかん》の眺め

春 庭園の枝垂桜やソメイヨシノなどの桜、梅の花、花壇の花々が芽吹く

文翔館のシンボルである時計塔 今もなお時計職人により手動で巻き上げられている

建築当初の状態に復原した豪華絢爛な内装

山形県郷土館「文翔館」は、大正5年に建てられた英国近世復興様式の建物で昭和50年まで県庁舎及び県会議事堂として使用されていました。昭和59年に国の重要文化財に指定された後、10年の歳月をかけて平成7年に復原され、現在は県の郷土館として無料公開されています。大正時代の工法を基として、忠実に再現された豪華絢爛な内装は、古き良き時代の薫りを今に伝えています。

文翔館のシンボルと言える旧県庁舎の上の「時計塔」は、どの角度から文翔館を見ても文字盤が見えるように四面に配置されており、

09

冬の文翔館

■山形市旅篭町3丁目4−51

■鉄道/JR山形駅から約1.9km

現在日本で稼働している中で、札幌の時計台に次いで2番目に古いものと言われています。振り子を動かす分胴は、5日に一度、時計職人が手動で巻き上げており、遥か昔からの時を今もなお刻み続けています。毎年10月に開催される「文翔館の日」では、時計塔の内部を見学することができます。

ビューポイントは正面門の所からの景観で、レンガ造りの3階建で、外壁は花崗岩の石貼り、屋根は玄昌石のスレートになっており、シンボルの時計塔から左右対称で重厚感のある建築美を見ることが出来ます。また歴史ロマン溢れる建築は、映画やドラマのロケ地の舞台とされ、映画「るろうに剣心」では数多くのシーンが文翔館にて撮影されました。

HPリンク

10

慈恩寺本堂「弥勒堂」

VP No.75

村山

慈恩寺《じおんじ》テラスから仰ぎ見る慈恩寺旧境内《じおんじきゅうけいだい》と歴史

慈恩寺は、鳥羽天皇の御願寺(ごがんじ)と伝えられる東北地方を代表する寺院境内地です。天平18年(746年)、聖武天皇の勅命により、インドのバラモン僧正が開山したと伝わっています。江戸時代に幕府より2800石余の寺領を受け、東北随一の巨刹となりました。

文化財の数は、国指定が32、県指定が33と東北でも例を見ない数の多さで、仏教信仰の在り方を知る上でも極めて重要な場所となっています。境内には、重要文化財の本堂をはじめ三重塔・薬師堂などが建立されており、厳かな時を刻んでいます。

参道入り口にある慈恩寺テラスは、国史跡指定となった慈恩寺旧境内の魅力をわかりやすく学ぶことができる施設です。おすすめ散策コースや、最新の見どころ、安全情報などを確認することができますので、ぜひお立ち寄りになってみてはいかがでしょうか。

慈恩寺テラス外観

山門「仁王門」

interview

“この景観にたずさわっているひとびと”

慈恩寺テラスは、平成26年10月に国史跡に指定された慈恩寺旧境内の魅力を分かりやすく紹介する施設です。慈恩寺テラスから仁王坂、展望休憩所、山門、本堂を通る散策コースでは、展望台からの眺望や迫力ある山門、本堂の景観、また稚児桜やヒガンバナ等による四季の移ろいも感じることができます。また、慈恩寺テラスができたことにより、慈恩寺散策ガイダンス等、デジタルを活用しながら分かりやすく慈恩寺の歴史等を伝えることで教育活動にも役立っていると感じます。

是非、現地にお越しいただき、慈恩寺の歴史的価値をご体感ください!

一般社団法人
寒河江市観光物産協会観光課
課長 佐野 裕介 さん
連絡先 0237-84-6811

(標識は慈恩寺テラス敷地内に設置)

■寒河江市慈恩寺1178−1
(慈恩寺テラス)
■山形自動車道「寒河江IC」
から約15分
JR寒河江駅から車で約15分
JR羽前高松駅から徒歩で約25分

HPリンク

難攻不落の長谷堂城跡《はせどうじょうあと》から眺める 霞ケ城《かすみがじょう》 山形城跡 11

霞む城「霞ヶ城」 合戦の際、城郭が霞で隠れて見えなかったことから霞ケ城と呼ばれていた

曲輪などの各施設の入口となる「虎口」

ビューポイントからの景色

最上義光の居城とされる山形城の支城のひとつである長谷堂城。慶長5年（1600年）、北の関ヶ原と呼ばれた「長谷堂合戦」では、東軍の最上義光と西軍の上杉家臣 直江兼続が激戦を繰り広げた舞台となりました。10倍以上の軍勢を持つ上杉軍の侵攻に持ち堪えた長谷堂城は、世に難攻不落の堅城として名を轟かせました。

現在は、長谷堂城のあった山全体が城跡公園となっており、今もなお山の随所には曲輪（くるわ）や土塁（どるい）などの遺構が数多く残ります。山頂からは、山形市街や山形城跡を見下ろすことができ、当時の武将たちに思いを馳せることができます。山頂へ向かう斜面脇にはシャガが群生しており、これは葉の表面が滑りやすいシャガの葉に敵軍が滑って登れなくするためであったと言われています。

HPリンク

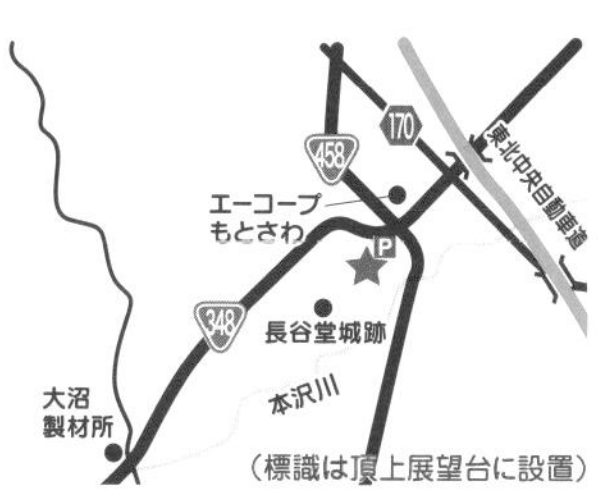

■山形市長谷堂（長谷堂城跡公園）
■自動車／西バイパスから
国道348号を白鷹方面に進む

VP No.65

チェリークア・パーク虹の丘からの自然と文明が調和した大パノラマ 12

虹の丘からの眺め

雪フェスティバルの花火

復興支援平和の鐘

チェリークア・パーク（最上川ふるさと総合公園）は、「山形の自然と文化交流」をテーマとして景観整備された、県営の都市公園です。最上川沿いに立地しており、公園内の虹の丘からは月山、蔵王山、朝日連峰を望むことができ、麓の山形自動車道をパノラマ状に見下ろすことのできる景観スポットです。

園内には、ガラス構造の巨大な「センターハウス」があり、色とりどりの綺麗な花を見ることができます。そのほかにも、さくらんぼが植栽されている「フルーツガーデン」や、東北最大級の「スケートパーク」、無料で使用できる「ドッグラン」など様々な施設がそろっています。

6月には「ゆめタネ@さがえ」を約1ヶ月開催し、さくらんぼ観光客や家族連れで賑わっています。

HPリンク

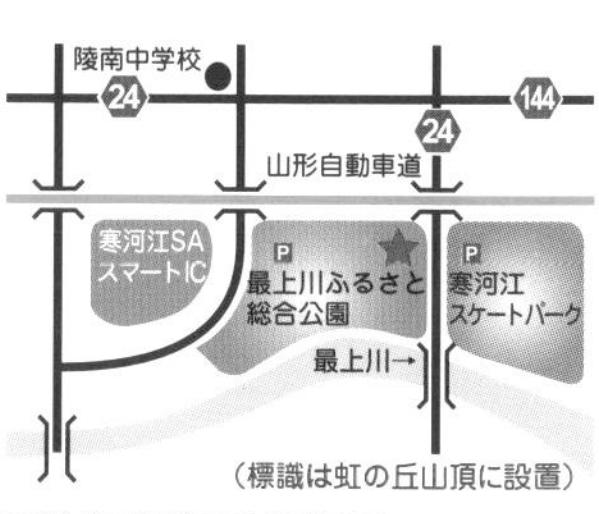

■寒河江市寒河江山西甲1269
（最上川ふるさと総合公園）
■自動車／山形自動車道「寒河江SA」すぐそば
（スマートIC利用）
JR寒河江駅から約5分、山形空港から約15分
■高速バス／仙台～鶴岡・酒田・本荘行き
寒河江バスストップ下車

VP No.06

武家屋敷三輪家　一般公開されており内部を見学することができる

13

VP No.35

城下町の風情ただよう かみのやま武家屋敷通り

上山城が天文４年（１５３５年）に築かれると、その西・北部一帯は武家屋敷となり、藩の要職にあった家臣が居住するようになりました。屋敷は、茅葺き屋根、鉤式の曲屋（まがりや）で、槍掛場や刀置き場があるなど、当時の武士の生活を偲ばせる貴重な遺産となっています。

現存している屋敷は、森本家、三輪家、山田家、旧曽我部家の４軒で、この内、三輪家のみが一般公開され、内部をご覧いただくことができます。森本家と山田家は子孫が居住する私邸のため、軒先のみ見学可能です。旧曽我部家は「かみのやま寺子屋」として市内小学生の学習支援を行っています。４軒とも２００年前の建造と言われており、うち３軒が市の文化財に指定されています。

屋敷前の仲丁通り（武家屋敷通り）は景観に配慮した道路整備が行われているほか、上山城下町再生志士隊が既存ブロック塀を黒板塀にするなど地域全体で武家屋敷を盛り上げています。

HPリンク

武家屋敷通り（黒板塀）

武家屋敷（旧曽我部家）

interview

“この景観にたずさわっているひとびと”

紫苑庭運営委員会は、女性のつどい30周年記念事業として、武家屋敷「旧曽我部家」の紫苑庭に建てられた東屋で活動しています。

他の団体と協力しながら、4月下旬から11月3日までの土日祝日の午前10時から午後3時に武家屋敷を訪れる県内外の皆さんに湯茶などを提供しています。

訪れた方々に地元の食材のお漬物などを振る舞い、喜んでいただいたり、様々なお話を聞かせていただいたりと交流の場になっていますので、引き続き、お客様におもてなしができればと思います。

紫苑庭運営委員会運営委員長
髙橋 惠子 さん
連絡先 090-2609-6940

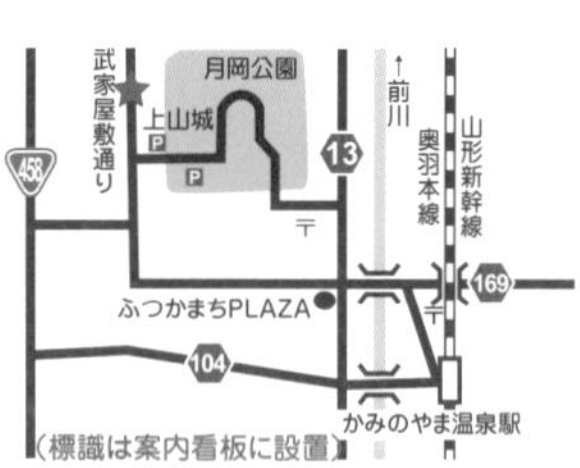

■上山市鶴脛町
■鉄道／JRかみのやま温泉駅から徒歩約12分
■自動車／東北中央自動車道「山形上山IC」から約15分
東北中央自動車道「かみのやま温泉IC」から約10分
山形空港から約40分

どこか懐かしさを感じる情景の楢下宿

14

村山

VP No.04

夏の楢下宿

一般公開されており見学が可能な古民家も

羽州街道《うしゅうかいどう》 楢下宿《ならげしゅく》

金山川沿いから見る古民家と眼鏡橋

楢下宿は、江戸時代に羽州街道の宿場町として栄えた地で、参勤交代や出羽三山詣で賑わっていました。懐かしさが広がる町並みはゆるやかな時間が流れ、現在も昔の面影が残った古民家が立ち並んでいます。

集落内を流れる金山川には、石造アーチ橋の覗橋（のぞきばし）、新橋（しんばし）が架かり、ふたつを合わせて眼鏡が完成することから眼鏡橋と呼ばれ親しまれています。当時の金山川は洪水が多く、何度も木製の橋が流されてしまったことから、当時では珍しい西洋の土木技術を取り入れた石造りの橋が建設されました。当時の村民たちは、橋脚が無く不安だとなかなか渡らなかったという話が伝えられております。建設から１００年以上も経過した現在も、生活橋として人々に利用されています。

歴史深い町並みと眼鏡橋が創り出す落ち着いた情緒溢れる景観をお楽しみください。

HPリンク

interview

“この景観にたずさわっているひとびと”

楢下宿には5つの古民家があります。古民家の1つの大黒屋では、ばあちゃんずくらぶが地元の旬の食材を使った季節の料理を提供しています。

また、羽州街道「楢下宿」研究会が主体となり、歴史的建造物の茅葺屋根を保存する活動を行っており、茅刈り体験の参加者には、感謝の気持ちを込めて、料理を振る舞っています。

地元の食材を活かした料理を振る舞い、おもてなしをすることで皆さんから喜んでいただけるのが何よりのやりがいですので、これからも地域の方々と協力しながら楢下宿を盛り上げていきたいと思います。

楢下宿ばあちゃんずくらぶ代表
佐藤 道子 さん
連絡先 090-5189-1285

■上山市楢下
■自動車／
JRかみのやま温泉駅から約15分
東北中央自動車道
「山形上山IC」から約20分
「かみのやま温泉IC」から約15分
山形空港から約50分

地域住民の思いから作り上げられた展望台

15

VP No.68

ふれあい展望台からの
山形市街地とそれをとりまく山々の眺め

ふれあい展望台は、山形市街地を西側から一望できる展望台で、地元住民の地域づくり活動の中から創り出された場所です。

山辺町作谷沢、山形市双葉、滝平の3地区の垣根を越えて始まったこの取り組みは、この地域を通る「狐越街道」にちなんで、山形市と各地域を結ぶ道を「狐一巡街道（きつねひとめぐりかいどう）」と名付けたことを始まりとして街道沿いの住民による連携した活動へ繋がっていきました。その後、住民の思いを形にすべく、住民・企業・行政が知恵と技術を出し合い、この「ふれあい展望台」が創り上げられました。

手作りの展望デッキからは、山形市街地から天童市街地を壮大に見渡すことができます。夜は夜景スポットとしても有名で、まるで天の川のような夜景が眼前に広がります。展望台横の駐車場からも夜景を眺めることができるので、気温の低い時期にも夜景をお楽しみいただけます。

山形市街地から天童市街地を望むことができる

展望台には「狐一巡街道」のモニュメントが設置されている

■山形市村木沢
（ふれあい展望台）
■自動車／東北中央自動車道
「山形中央IC」から約25分
JR山形駅から車で約20分

HPリンク

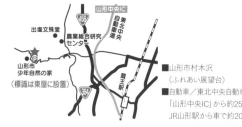

上山城天守閣から見る市街地と蔵王連峰 16

桜と上山城の美しい景観

雪をまとった上山城

ビューポイントからの眺める市街地と蔵王連峰

かつて小さいながらもその美しさから「羽州の名城」と称えられていた上山城。元禄5年（1692年）、幕命により取り壊されてからは堀跡の一部が当時の名残をとどめておりました。昭和57年（1982年）、二の丸跡に4階建ての模擬天守が建立され、幕命により取り壊されてから290年ぶりに郷土資料館として現代によみがえりました。

天守閣（展望台）からは温泉街の風情を残す市街地、斎藤茂吉も愛した蔵王連峰の山々、四季折々に姿を変える里山の彩りを楽しむことができます。かつて城主もここからの景色を眺めていたのかもしれません。

上山市の中心に建つ上山城は、上山市のシンボルであり市内観光の拠点となっている場所です。城の近くは、温泉街や足湯など歩いて楽しめる見どころが満載です。

HPリンク

■上山市元城内3-7（上山城郷土資料館）
■鉄道／JRかみのやま温泉駅から徒歩約12分
■自動車／東北中央自動車道「山形上山IC」から約15分
東北中央自動車道「かみのやま温泉IC」から約10分
山形空港から約40分

VP No.03

最上川美術館《もがみがわびじゅつかん》（真下慶治記念館《ましもけいじきねんかん》）から見る最上川の流れ 17

真下慶治が描いた景色を眺めることができる

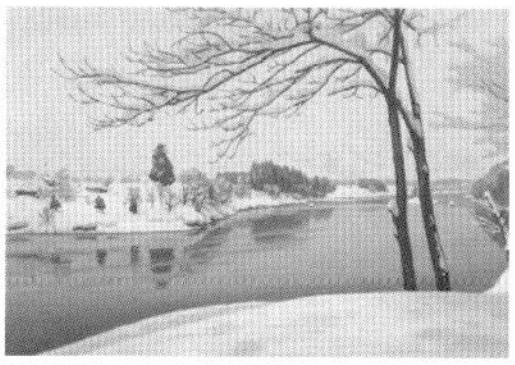

真下慶治の描いた「雪の河畔」

初雪の最上川

山形県戸沢村出身の画家、真下慶治（ましもけいじ）は、この地にアトリエを構え、晩年まで最上川を描き続けました。最上川美術館（真下慶治記念館）は最上川の大蛇行を眼下に眺めることができる高台に整備され、館内には眼下に広がる景色を描いた作品が常設展示されています。常設展示以外にも、山形県にゆかりのある作品を定期的に展示しています。ビューポイントである館内のラウンジは、作品の余韻に浸りながら雄大な最上川を眺めるのに絶好のスポットです。

美術館建物の設計は、東京都葛西臨海水族館の設計を手がけた村山市出身の建築家、髙宮眞介によるもので、先駆的な工法により景観に溶け込むように設計された空間も見どころの一つです。

HPリンク

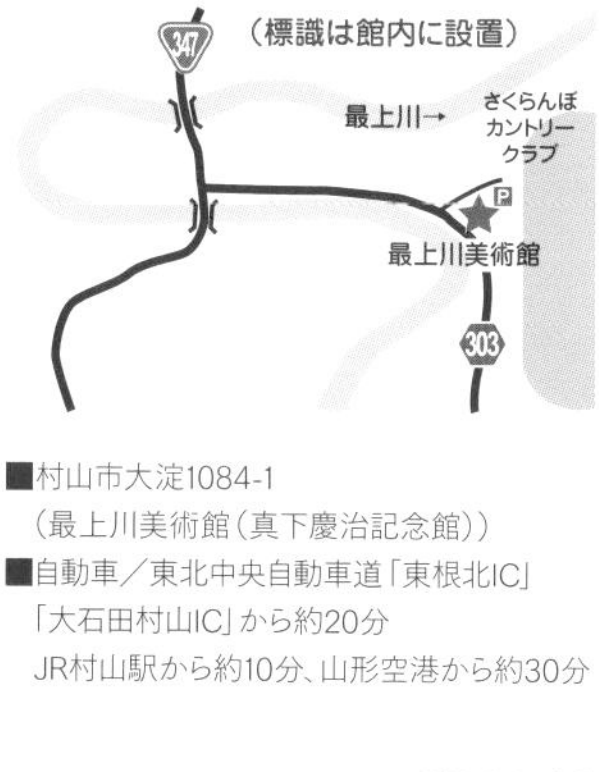

■村山市大淀1084-1
（最上川美術館（真下慶治記念館））
■自動車／東北中央自動車道「東根北IC」
「大石田村山IC」から約20分
JR村山駅から約10分、山形空港から約30分

VP No.09

数多くのカップルが訪れる「恋人の聖地」

18

花咲山展望台《はなさきやまてんぼうだい》からの上山市街地と それをとりまく山々の眺め

花咲山展望台は、上山市の温泉街のひとつである葉山温泉街の裏手に位置する、標高約300mの花咲山の中腹にある展望台です。ビューポイントからは、上山市街地や美しい蔵王連峰を一望することができます。

この展望台は、葉山地区の環境整備を行っている「葉山まちづくり委員会」が花咲山を地域の宝として生かそうと、平成18年に手作りの展望台を設置したことから始まります。平成20年に上山市の支援を受け、マリンベルを備えた新たな展望台へ再整備され、地区民はもとより上山市民や観光客に広く親しまれる場所となりました。平成22年には、県内初の「恋人の聖地」として認定され、若年層からお年寄りまで、たくさんのカップルが訪れる場所となっています。また、上山市主導の事業「上山型温泉クアオルト事業」の健康ウォーキング認定コースに指定されておりますので、四季折々に姿を変える花咲山の景色を楽しみながら散歩を楽しんでみてはいかがでしょうか。

HPリンク

互いの名前入りの南京錠をつけることで永遠の愛を誓う

展望台から見た上山市街地

interview

“この景観にたずさわっているひとびと”

昔、葉山神社までの山道は、杉の木が多くうす暗い道でした。しかし、地元の方々の協力のもと、桜のほか、モミジやあじさいを植栽することで、いつでも花が絶えない明るい山にしようと取り組むとともに、花咲山と名付けました。

その後、2008年（平成20年）にドイツ ミュンヒェン大学 アンゲラ・シュー教授協力のもと「頑張らないで楽しく運動効果を高める」クアオルト健康ウォーキングが始まりました。

クアオルトコースの1つである葉山のコースで行う葉山早朝ウォーキングは、観光客と地元の方々が楽しく交流する場となっています。これからも花咲山展望台からの眺望も含め、地元の方々と守っていくべき場所であると思います。

上山市温泉
クアオルト協議会会長
冨士 重人 さん
連絡先 023-672-2451

■上山市葉山（花咲山展望台）
■自動車／東北中央自動車道
「かみのやま温泉IC」から約10分
（駐車場1から徒歩約20分）
（駐車場2から徒歩約5分）
JRかみのやま温泉駅から車で約20分

天童高原から見る月山・葉山の眺め 19

天童高原からの三名山の眺望

標高634メートルにある「634(ムサシ)の松」

634(ムサシ)の松交流イベントの様子

天童高原は、標高約600mに位置している高原で、月山や葉山、鳥海山などの美しい山並みを望むことができます。夏季はキャンプ場、冬季はスキー場として利用され、年間を通して多くの人々で賑わいます。

夏期のキャンプ場は最大50区画と広々利用でき、ファミリーで楽しめる遊具やアスレチックも充実しております。人気の「夏ソリすべり」のコーナーでは、芝生面を専用の夏ソリで滑って楽しむことができ、アスレチックコーナーは木々を活かした自然を満喫できる造りとなっています。冬季のスキー場は、駐車場からゲレンデが近く、広々としたコースで子供や初心者が安心して楽しめるスキー場になっています。

天童高原の標高634m地点には「634(ムサシ)の松」と呼ばれ、人々に親しまれている松の木があり、交流イベントも定期的に開催しています。

HPリンク

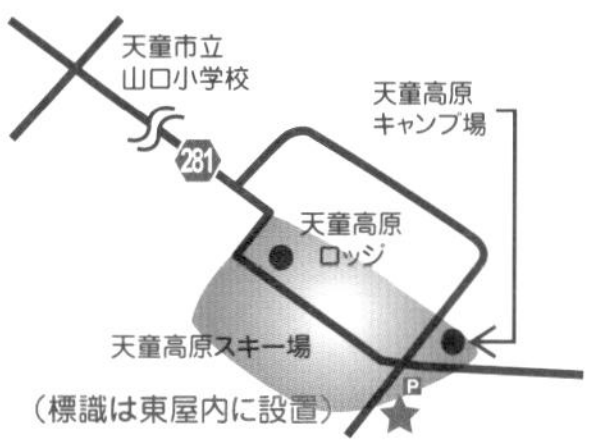

■天童市田麦野1321(天童高原ファミリーランド)
■自動車/東北中央自動車道「天童IC」から約40分
JR天童駅から約30分
山形空港から約40分
国道48号沿い山口小学校から約20分
駐車場: 20台(大型車駐車不可)
※冬期間は、ビューポイントの展望台にはアクセスできません

VP No.05

村山市富並《むらやましとみなみ》のじゅんさい沼(大谷地沼《おおたにちぬま》)と田園風景 20

広大なじゅんさい沼

青々としたじゅんさいの芽

じゅんさい摘みの風景
箱舟に乗って行う姿が特徴的

村山市富並大谷地沼(通称じゅんさい沼)では、青々とした田園風景の中、六月から「じゅんさい」の採集が始まります。大谷地沼のじゅんさいは、全国的にも数少ない天然のじゅんさいで、江戸時代から採れたと言われています。かつて昭和40年頃、田園に除草剤が使われるようになった際、沼のじゅんさいがほとんど枯れてしまい絶滅の危機に陥ったと言います。そこできれいな水が行き届く様に水路と排水溝の整備を行った結果、じゅんさいは増え始め、現在は豊富に収穫できるまでになりました。

じゅんさいの収穫作業は昔ながらの箱舟に乗って行われます。沼の外から見るじゅんさいの収穫作業は美しく絵になる光景で、初夏の風物詩となっています。この沼で取れるじゅんさいは厚みがあり、ヌル(寒天質)が非常に多く評判です。

HPリンク

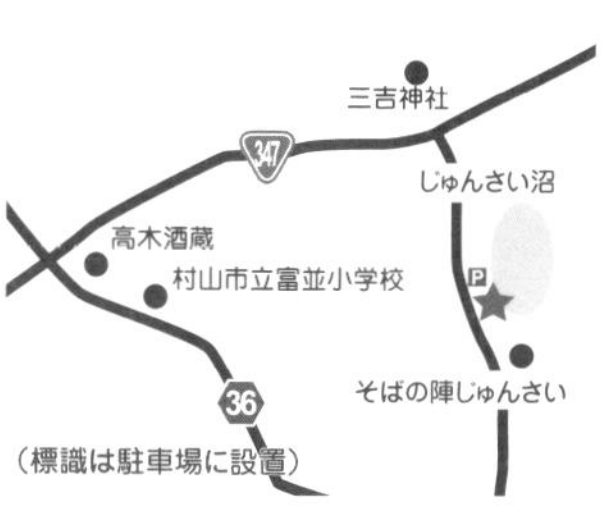

■村山市富並(大谷地沼)
■自動車/東北中央自動車道
「大石田村山IC」から約15分
「東根北IC」から約40分
JR村山駅から約20分
山形空港から約40分

VP No.10

月山の青と芝桜のピンクが魅力的な景観

21

VP No.70

村山

芝桜が彩る 立谷川河川敷《たちやがわかせんじき》と月山《がっさん》の眺め

かつて不法投棄物が散乱し、荒れ果てていた立谷川（たちやがわ）。２００６年、それを見かねた一人の住民男性がたった一人で環境整備に乗り出し、5年の時を費やし、河原一面の芝桜を咲かせました。２０１２年には、その取り組みに共感する人々によりボランティア「立谷川の花さかじいさん」が結成。本格的な整備活動が開始されました。現在も「山形を花の桃源郷に」を合言葉に活動は続けられ、不法投棄はゼロ、6万人の見物客が訪れる場所となりました。

春には、川沿い４００ｍにわたり、河川敷の辺り一帯をまるでピンクの絨毯が敷き詰められたような芝桜が彩ります。青い川と空、ピンクの芝桜のコントラストが魅力的です。川沿いには隣接する形でサイクリングロードが整備されており、芝桜を楽しみながらの心地よいサイクリングを行うことができます。

HPリンク

9月にはコスモスが河川敷を埋める

鮮やかなピンク色の芝桜

interview

“この景観にたずさわっているひとびと”

立谷川河川敷の整備は、義理の父である故田所三男氏が一人で美しい環境にしようと雑木伐採から芝桜植栽を始めました。亡き後もその遺志を引き継ぎ、「山形を花の桃源郷に」を合言葉に、約30名のボランティアの方々と月1回の河川敷の整備や草刈り等を行っています。

月1回の清掃や草刈り等では整備が足りないところは、週末などを利用し、一人で作業を行うことも多々あります。色鮮やかな芝桜やキバナコスモス等が美しく咲き誇る景観を、訪れていただく皆さんに喜んでもらえるよう、ボランティアの方々と活動を続けて行きたいと考えています。

ボランティアグループ
立谷川のはなさかじいさん代表
松田 和雄 さん
連絡先 090-3366-9325

■天童市荒谷
■自動車／山形自動車道
「山形北IC」から約10分
JR高瀬駅から1.5km

門前町の面影が残る若松街道沿いの家並み　奥には天童市街が見える

22

VP No.36

縁福大風鈴

若松寺観音堂

若松寺《じゃくしょうじ》から見る門前町の面影と現代の街並みのコントラスト

山形を代表する民謡「花笠音頭」にも「めでためでたの若松さまよ…」と唄われるこの若松寺は、奈良時代に行基上人により開山されたと言われています。最上三十三観音礼所の第1番礼所であり、古くから観音信仰の重要な巡礼地としてあつく信仰されてきました。寺にはそれらを物語る貴重な文化財が数多く残されています。

若松寺は「縁結び」観音として有名であり、良縁を求めて全国から多くの参拝者が訪れています。境内にある「縁福大風鈴」と名付けられた大きな鈴は、願いを込めて3回鳴らすと良縁に恵まれると言われております。また、住職と握手すると良縁成就のご利益が授かるとして、特に若い女性の間で人気のスポットになっています。

鐘楼堂(しょうろうどう)奥の見晴らし台からは、門前町の面影が残る若松街道沿いの家並みと、対照的に山の向こうに広がる天童の街並みを同時に見ることができます。

HPリンク

interview

“この景観にたずさわっているひとびと”

若松寺は、天童市北側の街並みのほか、正面に月山、左に朝日連峰が見渡せます。新緑や紅葉の時期もよいですが、さくらんぼの時期にハウスが立ち並んでいる景色も意外ときれいです。私も、この場所に来て、ベンチに腰掛けながら眺める景色に、いつも癒されています。

市内の小学生が授業で訪れる際には、若松寺の歴史や文化とともに、こんなきれいな景色が見えるよ、ということもお伝えしています。

ご参拝いただく際は、縁福大風鈴や鐘楼を、良縁と幸福の願いを込めて鳴らしながら、よい景色に癒されていただければと思います。

鈴立山若松寺住職
鈴木 純照(じゅんしょう)さん
連絡先 023-653-4138

■天童市山元2205-1
■自動車／東北中央自動車道
「天童IC」から約30分
JR天童駅から約20分
山形空港から約20分

旅館
永澤平八
内湯
旅館
旅館
永澤平八

47　しろがね橋から見る銀山温泉街の大正ロマン

しろがね橋から見る
銀山《ぎんざん》温泉街の大正ロマン

夏の夜の風景

散策路突き当たりにある「白銀の滝（しろがねのたき）」
対岸には展望台があり滝しぶきの心地良さを感じることができる

interview

“この景観にたずさわっているひとびと”

銀山温泉街は、地形を含めて自然環境が過酷な状況にあります。
そのような中、緑、川、雪、温泉等豊富な資源と銀山温泉が共存していくにはどうしたらよいか考え、取り組んできた歴史が人々を惹き付けるのだと思います。
2000年（平成12年）頃、当時東京大学アジア生物資源環境研究センター教授であった堀繁氏や尾花沢市の協力のもと、共同浴場しろがね湯の移設、ガス灯の設置等を行ってきました。

大正ロマンの風情あふれる街並みのほか、白銀の滝や銀抗洞等、銀山温泉は、見どころ満載ですので、皆さまのお越しを心よりお待ちしております。

銀山温泉組合長 昭和館
笹原 謙一郎 さん
連絡先 080-3005-2909

大正時代の面影を残す名湯「銀山温泉」。銀山川を挟んだ両岸には、木造三層四層の旅館が軒を並べ、タイムスリップしたかのようなレトロな街並みが広がります。夕暮れ時になると現れる、旅館から漏れ出る琥珀色の灯り、どこか懐かしさを感じさせるガス灯によって作り出される温泉街の夜景は、まさに絶景です。

銀山温泉の名は、「延沢銀山（のべさわぎんざん）」という銀採掘で栄えた鉱山が由来となっています。銀山開発の過程で湧き出た温泉が銀山温泉の始まりとされており、銀鉱山が衰退していくに

23

ガス灯によって照らされる大正ロマン溢れる温泉街の町なみ

替わり湯治場として栄え、温泉街へ移り変わっていったと言われています。この時の採掘場は、現在遺跡として開放されており、入場無料で見学することができます。温泉街から徒歩15分程度で行けますので、銀山の歴史に触れてみるのも良いのではないでしょうか。

四季を通して楽しめる銀山温泉ですが、冬季間はしんしんと降り積もる雪からなされる銀世界と、ノスタルジックなガス灯の灯りが、大正ロマン溢れる幻想的光景を作り出します。温泉に入りながら雪景色を楽しむのも請け合いです。歩き回れる範囲の中には、カフェや貸衣装屋、足湯も充実しており、見どころ満載のスポットです。

HPリンク

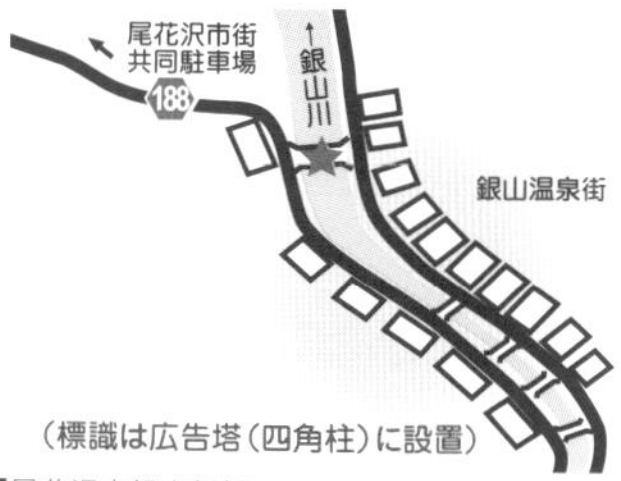

■尾花沢市銀山新畑
■自動車/東北中央自動車道(尾花沢新庄道路)
「尾花沢IC」 尾花沢市街から約25分
JR大石田駅から約30分、山形空港から約50分
■バス/JR大石田駅から約40分

24 エメラルドグリーンの渓谷美
関山大滝《せきやまおおたき》

村山

高さ10m、幅15m、エメラルドグリーンの美しい滝壺を持つ関山大滝。巨木の間からほとばしる清流は、東根の隠れたスポットとして密かに話題となっています。

関山大滝は、国道48号線沿いの「大滝ドライブイン泉や」のすぐ裏手にあります。どこか懐かしい雰囲気を漂わせるこのドライブインでは、鮎の塩焼き、焼き味噌おにぎり、おでんといった食事を滝の音を聞きながら楽しめます。滝壺への降り口を下ると、正面から滝を眺められる橋が架かっており、マイナスイオンを全身で感じながら滝を眺めることができます。夏場は水遊びをする家族で滝壺が賑わいます。冬季はライトアップされた幻想的な大滝を鑑賞することができます。

かつて俳人・正岡子規が足跡を残しており、付近には子規の文学碑があります。また、徒歩10分程先に山形県天然記念物指定の巨木「大滝のカツラ」を見ることができます。

VP No.57

■東根市大字関山3166-4
■自動車／
東北自動車道「仙台宮城IC」から約45分
東北中央自動車道「東根IC」から約25分
JRさくらんぼ東根駅から車で約20分
■バス／JRさくらんぼ東根駅から
「仙台（大滝）」行きで約20分

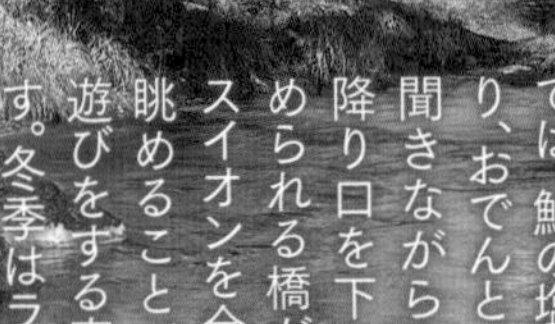

HPリンク

interview

“この景観にたずさわっているひとびと”

関山大滝は、春の新緑、冬の雪景色など、四季を通じて楽しむことができます。

手が加えられていない自然の景観ですので、その日その日で見え方も違い、同じ滝は二度と見ることができないと感じます。

また、当店の裏の階段から滝壺まで散策できることから、夏の暑い日は、川遊びを楽しむ家族連れがいらっしゃったり、釣りをしている方も見掛けます。

是非現地にお越しいただき、山形の四季の恵みを感じられるお料理とともに、関山大滝の美しい景観を楽しんでみてはいかがでしょうか。

有限会社泉や代表取締役
大泉 計人（かずひと）さん
連絡先 0237-44-2354

総合運動公園の空一面に広がるイチョウ並木 25

色鮮やかに紅葉するイチョウ並木

施設内の「NDソフトスタジアム山形」は、モンテディオ山形のホームスタジアムとして使用されている

数多くの遊具がある「遊びの森」
(C)MONTEDIO YAMAGATA

山形県総合運動公園は、広域広場として、県民のスポーツ活動や多様化するレクリエーション活動の場として整備されました。植栽されているイチョウ並木は、国道13号に面する正面入口から250mにわたり整備されており、10月頃になると鮮やかに黄葉し紅葉狩りを楽しむ人で賑わいます。春には新緑が茂り、1年を通して違う表情のイチョウを見ることができます。

公園内にある「遊びの森」では、15種類のバラエティに富んだ遊具が設置されており、子供たちが伸び伸びと遊べる場になっております。周囲には76品種、約400本もの桜が植栽されており、開花の季節にはそれぞれが美しく咲き誇ります。また、体育施設を取り囲む園路はウォーキングコースとして多くの方々に親しまれており、四季を体感しながら運動することができます。

HPリンク

■天童市山王1-1(山形県総合運動公園)
■自動車/山形自動車道「山形北IC」から約10分
JR天童南駅から約1.0km

VP No.72

西沼田遺跡《にしぬまたいせき》から望む古墳時代の月山 26

古墳時代後期の景色が広がる西沼田遺跡と名峰月山

建物内部 古代の人々の生活に思いを馳せる

食糧を保存するための高床式倉庫

西沼田遺跡公園は、国の史跡に指定されている約1500年前の農村集落遺跡です。公園内には、当時の住居や高床式倉庫が復元されており、1500年前にタイムスリップしたかのような感覚を味わうことができます。広い芝生の公園からは、月山、葉山、朝日連峰の山々を眺めることができ、当時の人々の暮らしに想いを馳せながら散策するのもおすすめです。隣接されている「ぬまりん館」では常に様々な体験教室を行っており、勾玉づくりや数珠玉クラフト、はにわストラップ作りなど、数多くの貴重な体験が楽しめます。同館では、土器や木製農具など西沼田遺跡の出土品を約100点ほど展示しており、自由に見学が可能です。実際に見て体験し、歴史や文化に触れる1日を過ごしてみてはいかがでしょうか。

HPリンク

■天童市大字矢野目3295(天童市西沼田遺跡公園)
■自動車/東北中央自動車道「天童IC」から約5分
JR天童駅から車で約15分

VP No.73

ブルーモーメントの徳良湖

27

VP No.40

村山

春は鯉のぼりと桜が共演

数多くの白鳥と鴨の群れ

interview

“この景観にたずさわっているひとびと”

徳良湖は、湖畔から望む景観を楽しめるほか、オートキャンプ、カヌー、グラウンドゴルフ、パンプトラックなど様々なアクティビティを楽しむことができる市民の憩いの場所です。

尾花沢の夏は非常に暑く、冬は雪深いですが、グラススタジオ旭にとっては、豊かな自然の恵みや風景が制作の手助けをしてくれます。吹き硝子体験やサンドブラスト体験もできますのでお気軽にご連絡ください。

四季を通じて楽しめるこの湖をこれからも地域の方々と協力して守っていきたいと思います。

グラススタジオ旭
伊藤 直仁 さん
連絡先 0237-22-1811

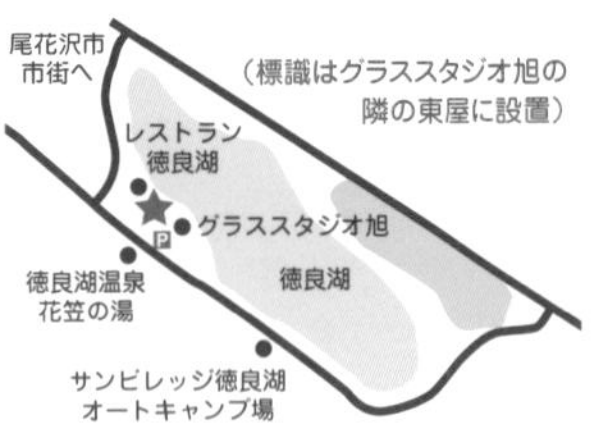

■尾花沢市二藤袋
■自動車／東北中央自動車道
（尾花沢新庄道路）
「尾花沢IC」尾花沢市街から約10分
JR大石田駅から約15分
山形空港から約40分
■駐車場／500台（大型車駐車可）

HPリンク

花笠踊りを生んだ白鳥の湖
徳良湖《とくらこ》の四季の移ろい

徳良湖は、かつて貯水池を目的として造られた人造湖です。

明治時代後期、米の値段が高くなり各地で開田ブームが起こりました。そこで地元の豪商である高宮常太郎は、大正8年からトクラ森にため池を作ることを考え、事業に着手したといいます。徳良ため池は、大正8年から約7万人もの人々の力で大正10年に完成しました。築堤の最盛期には1日300人もの人夫が集まり作業を行いました。毎日が単調な作業の繰り返しであったため、人夫たちは作業に合わせて即興の歌（土搗き唄）を歌うことで気分転換をしていたと言います。その時歌われたのが「花笠音頭」の原型と言われています。

冬季は、ユーラシア大陸で繁殖した白鳥が越冬のため飛来し、美しく優雅な姿を観察することができます。春には100本の桜が咲き誇り、四季を通して魅力を満喫できます。

東根城本丸跡《ひがしねじょうほんまるあと》の白壁と横綱を抱く大ケヤキ　28

東日本の横綱に選ばれた大ケヤキ　幹回りは16メートルを超える

東根城本丸跡の白壁

東根小学校校舎の前にそびえる大ケヤキ

東根の大ケヤキは、東根小学校の校庭にそびえる推定樹齢1500年以上のケヤキです。幹回りは16m、天を仰ぐその高さは28mにも達します。巨大な幹の中央に南北に通じる空洞が空いており、この空洞を通り抜けられると子宝に恵まれるという言い伝えがあります。平成元年に発表された「日本欅見立番付」では東の横綱に選ばれた日本一の大ケヤキで、東根市のシンボルとして愛されています。春には地元小学生たちが作った横綱が飾られ、校庭からは横綱を抱く勇壮な姿を見ることができます。

大ケヤキのある東根小学校の敷地は、かつて東根城が築かれていた場所でありました。大ケヤキ周辺の町並みは、本丸跡の石垣と白壁沿いの石畳を散策できる「歴史のみち」が整備されており、壮大な歴史ロマンに思いを馳せ、その景観をゆっくり味わえます。

HPリンク

（標識は大ケヤキ前に設置）

■東根市本丸南1-1-1
■自動車／東北中央自動車道「東根北IC」から約10分
龍興寺沼公園駐車場10台（大型車駐車不可）

VP No.56

古より慈しみ守り続けた原風景　大蕨《おおわらび》の棚田　29

杭掛けした稲が段状に立ち並ぶ

ライトアップされた棚田

金色に色付く棚田

大蕨の棚田は、山辺町西部の山間部にある小盆地に開かれた棚田です。秋になると一面黄金の稲穂で色付き、刈り取った稲は杭掛けし天日干しにします。この稲杭が棚田に整然と並ぶ風景は、美しく風情にあふれております。その美景から「日本の棚田百選」に認定されており、町を代表する景観の一つです。

そんな大蕨の棚田ですが、担い手の高齢化等で一時は耕作率が著しく減少し、伝統の杭掛け風景が失われつつありました。そこで、地元農家らが結成した「中地区有志の会」や、地区外ボランティア等からなる「グループ農夫の会」をはじめ、モンテディオ山形などの連携組織が協定を結び、棚田の再生活動に取り組みました。現在は、作付け面積を年々拡大し、棚田再生の新たな原動力となっています。

HPリンク

（標識は案内板わきに設置）

■山辺町大字大蕨
■自動車／東北中央自動車道「山形中央IC」から約25分
駐車場25台（大型車駐車可（中支所のみ））

VP No.54

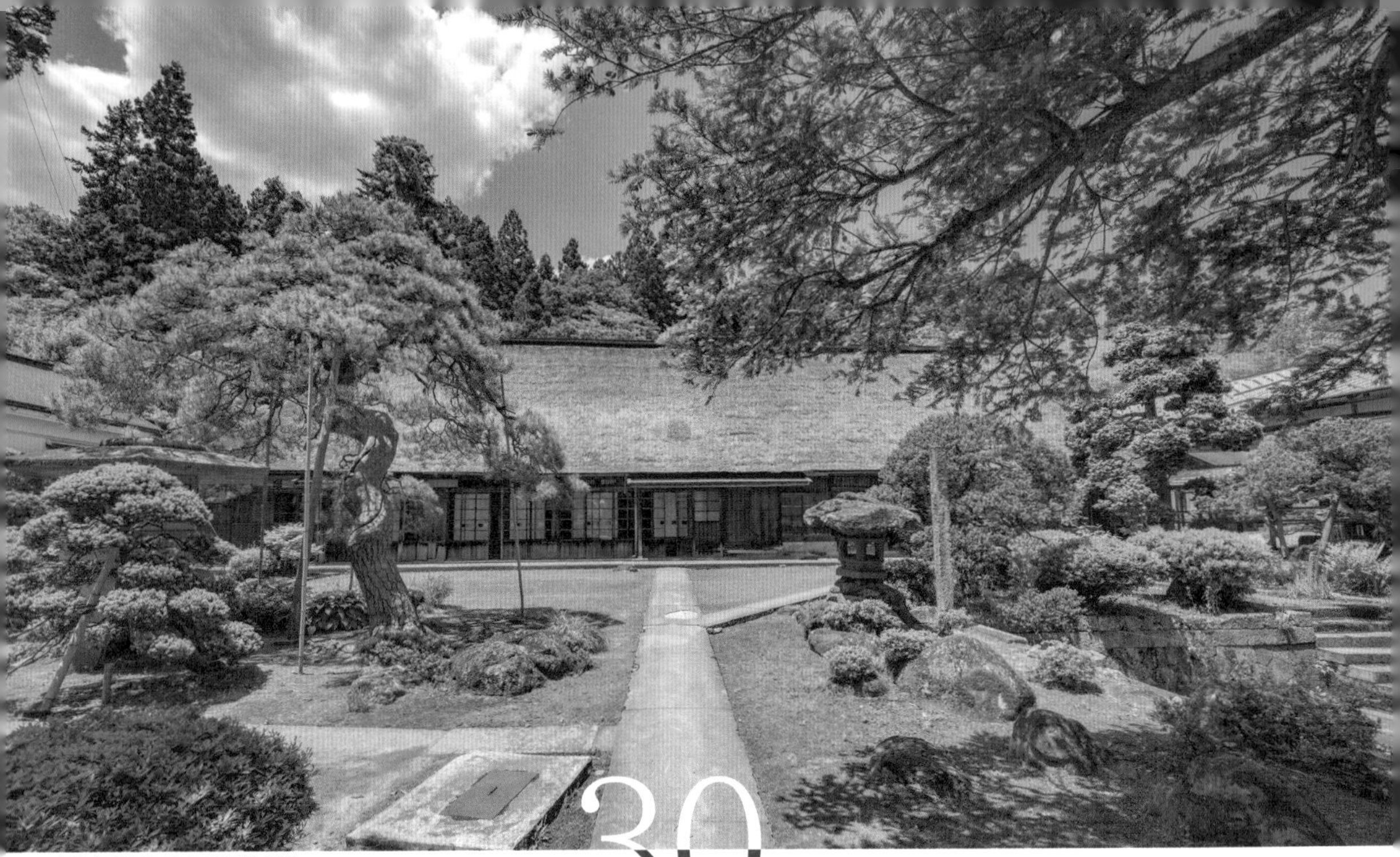

旧柏倉家住宅（九左衛門家）正面

30

VP No.74

付近には柏倉家を象徴する紅花畑が広がる

旧家を囲む黒塀（くろべい）

interview

“この景観にたずさわっているひとびと”

黒塀の里山保存会は、地域の方々と協力しながら、旧柏倉家住宅を拠点とした岡地区の黒塀のまちなみを守り続けてきました。

敷地内には、明治時代の樹木もあり、建物同様、細心の注意を払いながら維持管理を行っています。明治期の大改修以降、今日まで継承された建物のほか、紅花や紅葉など四季折々の景観を楽しんでいただけます。

旧柏倉家住宅の歴史や建築の見どころなど、スタッフによるガイドツアーも行っていますので、訪れていただく皆さんに、これからも歴史や文化を伝え続けていければと思います。

NPO法人
黒塀の里山保存会事務局長
井上 利昭 さん
連絡先 023-687-1778

■中山町岡

■自動車/山形自動車道
「寒河江IC」から約10分
JR羽前長崎駅から車で約5分

重要文化財「旧柏倉家住宅《きゅうかしわくらけじゅうたく》」と黒塀《くろべい》のまちなみ

柏倉家は近世から近代にかけて紅花産業等で隆盛した豪農の一族です。当主は代々「九左衛門」と名乗り、10家以上の分家を創設しました。江戸時代には同地方において最多級の紅花生産者でもあり、地域の経済発展や社会貢献に尽力しました。九左衛門の周辺には分家の屋敷群が建ち並び、「黒塀のまちなみ」を形成しています。近隣に分家を置く一族は多いですが、一族を中心にこれほど広い範囲に町並みをつくっているのは全国的にも珍しいとされています。

旧柏倉家住宅は、近世の上層農家の形式を継承した大規模住宅となっています。高度な意匠や建築技術、主屋の座敷や銘木による精緻な内装、漆塗りや金箔で荘厳な仏蔵、春慶塗(しゅんけいぬり)で華やかに彩る前蔵の上質な蔵座敷などは見ごたえがあります。山形県村山地方における屋敷構えを特徴とした、「明治期の南東北地方における上質な農家建築」として高く評価されており国指定重要文化財に指定されています。

HPリンク

「母なる川」と「聖なる山」に見守られた日本最古の現役鉄橋 31

ビューポイントからの眺め　左沢線と最上川橋梁

「鍋掛松」より望む最上川橋梁

最上川橋梁を渡る左沢線

JR左沢線最上川橋梁（あてらざわせんもがみがわきょうりょう）は、明治20年に東海道線に架設された橋梁を大正10年に移設したものです。寒河江市と中山町の間を流れる最上川に架かるこの橋梁は、現役で活躍する国内最古の鉄道橋です。同じ橋梁が大正12年に白鷹町の現山形鉄道フラワー長井線にも移設されました。この二つの橋梁は双子の橋とも呼ばれ、現在でも現役で活躍しています。

ビューポイントからは霊峰月山を背景に、澄んだ水色のカラーが特徴的なJR左沢線が鉄橋を駆け抜ける光景を眺めることができます。一面の青空の中、悠々と左沢線が走る光景は清爽な気分にさせてくれることでしょう。この左沢線は、「フルーツライン」の愛称で親しまれています。ビューポイント付近には、山形の秋の風物詩である芋煮の発祥のきっかけとなった「鍋掛松」もございます。

HPリンク

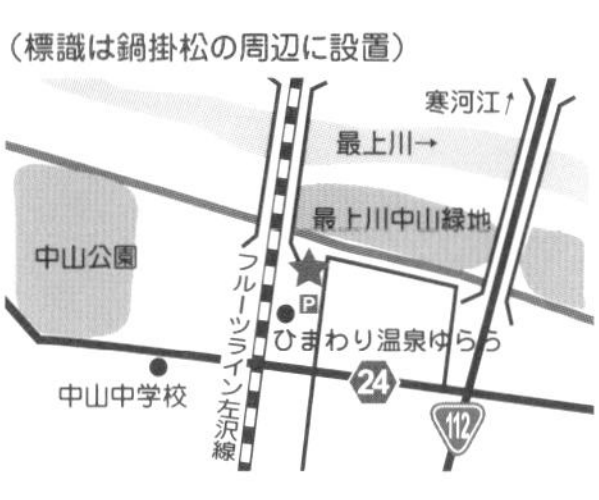

■中山町いずみ1（ひまわり温泉 ゆ・ら・ら）
■鉄道/JR羽前長崎駅から徒歩約10分
自動車/ 山形自動車道「寒河江IC」から約5分
山形空港から約20分

大井沢から見る寒河江川の清流と霊峰月山《れいほうがっさん》 32

透き通るような清流が流れる寒河江川　後ろには霊峰月山がそびえる

春の大井沢

晩秋の大井沢

県内有数の豪雪地帯にある大井沢は、置賜方面から出羽三山へ向かう参詣道の宿場町として賑わいました。参拝者はこれから向かう素晴らしい山容を眺め、信仰の思いを新たにしたのではないでしょうか。

春は眼下に広がる寒河江川河川敷の残雪の上に咲く桜と、真っ白な雪に覆われた湯殿山、姥ヶ岳、月山の美しい景観を眺めることができます。夏・秋には、緑や錦の絨毯と化した山並み、冬には雪化粧に彩られた寒河江川と山々が儚くも美しい景観を作り出します。四季を通して様々な景色を体感することのできるビューポイントです。

付近には、かつて無医村であった旧大井沢村の地域医療に生涯を捧げた女医「志田周子」の人生を描いた映画「いしゃ先生」のロケ地があり、撮影が行われた映画セットの診療所を見ることができます。

HPリンク

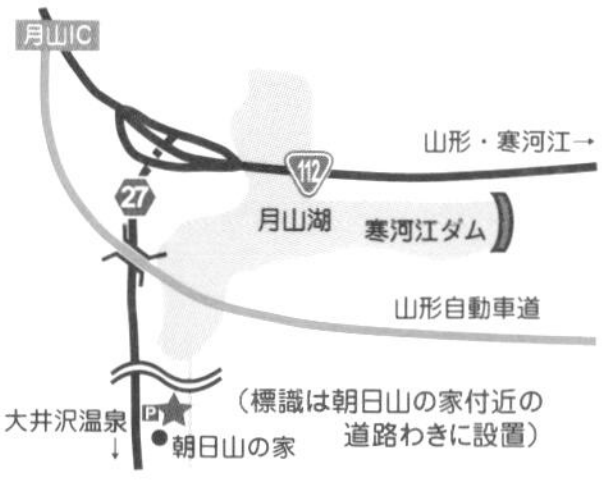

■西川町大井沢（上島橋）
■自動車/山形自動車道「月山IC」から約15分

壮大に広がる紅花畑　7月が見ごろ

33

VP No.55

紅花文化を偲ぶ豪商旧堀米邸《きゅうほりごめてい》と 紅花畑《べにばなばたけ》の眺め

江戸時代、口紅や染料の原料として京都に出荷された紅花は、生産地に大きな富と京文化をもたらしました。紅花栽培は当時の気候風土と合い、全国生産の大半を占めました。紅花は、西陣織や化粧用に加工される貴重な染料として高く評価され、当地を経済面でも文化面でも大きく発展させました。

紅花資料館は、紅花の豪商として栄えた旧堀米邸を復元したもので、当時の繁栄を物語る建物、古文書、豪華な紅花衣装や雛人形が残されております。敷地内には「八景園」と名付けられた庭園があり、壮大な紅花畑が広がっております。1番のおすすめ時期は、紅花畑が黄色一面に埋め尽くされる7月です。冬季間も美しい雪景色を見ることができ、通年に亘って静かで落ち着いた景観を楽しむことができます。

八景園の眺め

冬の紅花資料館

interview

“この景観にたずさわっているひとびと”

紅花資料館は、紅花商を営み、財をなした豪商旧堀米邸で全国的にも珍しい紅花に関する資料館です。

体験学習の場として、県内各地から修学旅行や社会科見学で訪れていただく小学校も多く、資料館の歴史や文化を伝えるとともに、紅花染めも体験してもらっています。また、地域の方々やシルバー人材センターから協力いただき、敷地内の環境美化に取り組んでおります。

より多くの皆さんに来館いただけるよう、展示物の充実や環境整備に一層取り組んでいきたいと考えています。

一般社団法人河北町
観光協会事務局長
髙橋 利昌 さん
連絡先 0237-72-3787

（標識は紅花資料館入口わき前庭に設置）

■河北町谷地戊1143
■自動車／山形自動車道
「寒河江IC」から約20分
東北中央道「東根IC」から約10分
山形空港から約15分
JR寒河江駅から約15分
JRさくらんぼ東根駅から約20分

HPリンク

その特徴的な形状は「神の落とした扇の田」と呼ばれる

34

VP No.07

朝霧に包まれた棚田

出植えが終わる頃、ヒメサユリが見ごろを迎える

朝日町一本松公園から眺める椹平《くぬぎだいら》の棚田

朝日町にある椹平の棚田は、全体が特徴的な扇形をしているため地元の人々からは「神の落とした扇の田」とも呼ばれています。約200枚の棚田が整然と並ぶ景観は、平成11年に「日本の棚田百選」に選ばれました。

春の田植え時期の鏡盤のような水田、夏の青々とした力強い稲田、秋の収穫前の黄金色の稲穂、稲刈り時には「くいのこ(杭掛け)」が規則正しく並ぶ風景は日本の稲作の原風景といえます。杭掛けは古くから伝わる農法で、一本の稲杭と呼ばれる棒に、円形に稲束を掛けて自然乾燥させる方法です。米は太陽の自然光で乾燥されることで美味しくなるといわれています。この光景は9月末の稲刈りが終わってから、10月中旬まで見ることができます。

一本松公園からは、棚田を俯瞰で見渡すことができ、稲穂が実る時期には黄金色に埋め尽くされた棚田を一望することができます。

HPリンク

interview

“この景観にたずさわっているひとびと”

椹平棚田保全会は、朝日町や椹平棚田保全隊など多くの関係者の方々にお力添えをいただきながら、約200枚から成る棚田を守り続けています。

保全隊は、県内外から約100名の方々にご協力いただき、ヒメサユリまつりに向けた環境美化活動、稲刈り、杭掛け等の活動を行っています。
関係者の皆さんの努力のおかげもあり、椹平の棚田は耕作放棄地がありません。棚田に隣接する一本松公園からの眺望は、朝日町民共有の財産であり自慢のひとつです。これからも地域一丸で、この美しい景観を守り続けていきたいです。

椹平棚田保全会
兼朝日町観光協会会長
志藤 寛一 さん
連絡先 0237-67-3761

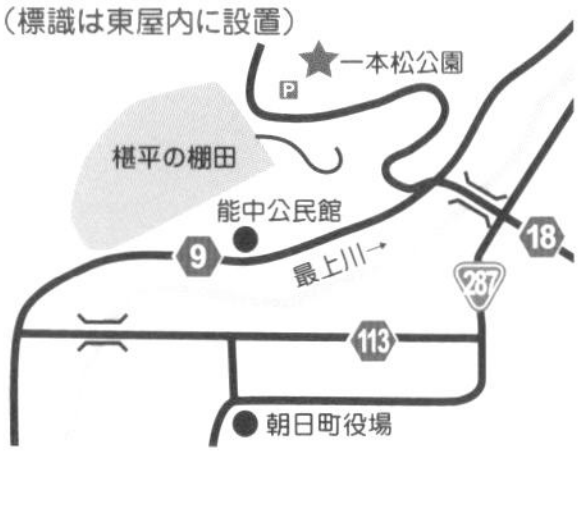

■朝日町三中(一本松公園)
■自動車／山形自動車道「寒河江SA(スマートIC)」から約20分
JR寒河江駅から約30分
山形空港から約50分
山形市内から約1時間
※冬期間は積雪のためアクセスできません

特徴的な大きく蛇行する最上川と左沢の街並み
右下の線路は左沢線

35

VP No.08

村山

楯山公園《たてやまこうえん》(日本一公園)からの最上川と左沢《あてらざわ》の街並み

楯山公園(たてやまこうえん)は、JR左沢線の終点、左沢駅の北側の高台にあり、地元の豪族大江氏の左沢楯山城跡地にある城跡公園です。ビューポイントである頂上展望台には東屋が設置されており、眼下には大きく蛇行する最上川の雄大な流れと、左沢の町並みを一望することができます。また、西には朝日連峰、東には奥羽山脈を遠望することができます。その景観の素晴らしさから日本一公園とも呼ばれています。

楯山公園のある大江町では、県内で最も古い歴史を持つ「水郷大江夏まつり灯ろう流し花火大会」が毎年8月に開催され、多くの観光客で賑わいます。数多くの花火が打ち上がるほか、会場を流れる最上川には数千個もの灯籠が流される「灯籠流し」が行われます。これはかつて左沢地区が最上川の舟運における要所であり、舟や水難の事故が起きていたことから、水難者を供養する意味合いで行われるようになったといいます。最上川の水面を彩る灯籠は幻想的な光景です。

冬の夕映え

ビューポイントからは美しい夜景も眺めることができる

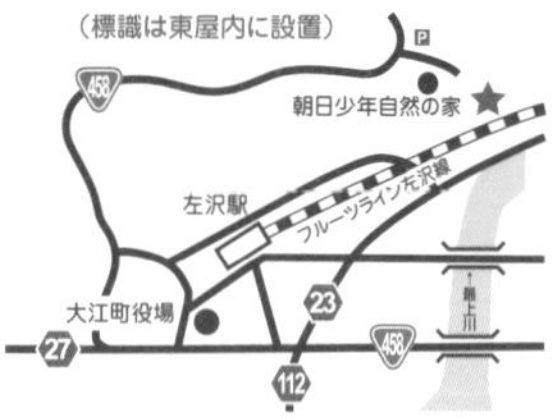

■大江町左沢(楯山公園)
■自動車/山形自動車道「寒河江SA(スマートIC)」から約15分
JR左沢駅から約5分
山形空港から約40分

HPリンク

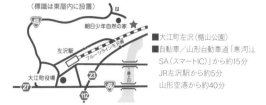

月山と寒河江川の景観が調和する 華麗な溝延《みぞのべ》桜づつみ 36

ビューポイントからの眺め

桜祭り・楽しく歩こう会

2.8km続く桜並木

河北町溝延（みぞのべ）地区を流れる寒河江川左岸の溝延橋を挟んだ上下流に、ソメイヨシノなどの2.8kmの桜並木が続いている景色は、溝延地区の春を代表する景色です。寒河江川の流れと並木の彩り、月山、葉山、朝日連峰の眺望が楽しめるスポットとなっております。

桜の満開に合わせ、河北町春の恒例健康イベントである「桜祭り・楽しく歩こう会」も見どころです。寒河江川溝延橋から桜づつみ上流公園まで、桜を眺めながら体力に合わせ、大勢の方々がウォーキングを楽しんでいます。イベント売店では、玉こんにゃく、河北名物の冷たい肉そばも販売されます。コシの強い田舎そばに、鶏肉から出汁をとった甘じょっぱいタレをかけた肉そばは大変美味で、河北町民のソウルフードです。

HPリンク

■河北町溝延
■自動車／県道皿沼河北線溝延橋
山形自動車道「寒河江IC」から約7分
東北中央自動車道「東根IC」から約10分

VP No.76

寒河江ダム展望広場から見る高さ日本一の 大噴水と水の魅力 37

夕暮れの月山湖

幻想的な噴水のライトアップ

大迫力の噴水

寒河江ダムは平成2年に完成した県内最大のダムです。シンボルは112mもの高さを誇る大噴水で、これは日本国内では1位、世界では4位の噴射能力を持つ噴水と言われております。夏季には1時間間隔で打ち上げられる噴水ショーを見ることができ、期間限定で行う噴水のライトアップは幻想的な光景です。この寒河江ダムの傍を通る国道が112号線であることや、ダム建設によって移転した家屋が112戸であったことにちなんで、ダムの高さや噴水の高さが112mに設定されていると言われています。

ダム建設に伴いできた湖は「月山湖（がっさんこ）」と命名され、湖畔には「月山湖水の文化館」なる水をテーマにした珍しいコンセプトの博物館があります。

HPリンク

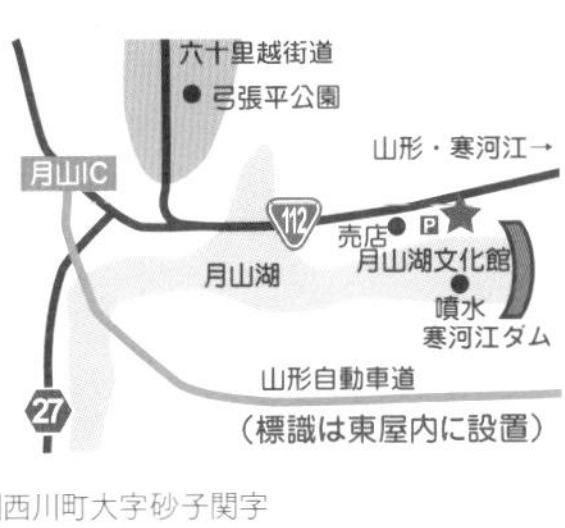

■西川町大字砂子関字
八ッ楯沢158−130（月山湖 水の文化館）
■自動車／山形自動車道「月山IC」から約5分
「西川IC」から約10分
※冬期間（12月〜3月）は寒河江ダム展望広場は閉鎖しています

VP No.39

大石田町虹ヶ丘公園《にじがおかこうえん》から見渡す 最上川 38

数多くの偉人が眺めた最上川の景色

斎藤茂吉「虹の断片」 歌碑

四季を通した景観を楽しむことができる

虹ヶ丘公園は、最上川に沿って切り立った崖の上に位置しており、ビューポイントである展望台からは蛇行しながら流れる最上川を間近に眺めることができます。また、葉山、鳥海の山々を遠望でき、雄大な気分に浸ることができます。春には真紅のツツジが咲き誇り、園内を彩ります。

歌人・斎藤茂吉がよく散策した場所と言われており、園内には斎藤茂吉が詠んだ「虹の断片」の歌碑が建てられています。この歌は大石田町の町民歌になっており、古くから町民に愛されています。大石田町出身の日本画家であり、孤高の画仙人とも呼ばれた小松均の代表作「雪の最上川」は虹ヶ丘からの絶景を描いたものとされています。真下慶治や小松均の描いた最上川の世界観を追体験しながら写生してみるのも一興です。

HPリンク

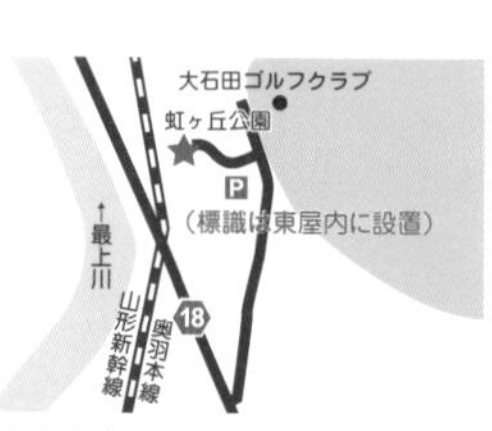

■大石田町今宿

■自動車/東北中央自動車道（尾花沢新庄道路）
「大石田村山IC」から約3分
東北中央自動車道「東根北IC」から約30分
JR大石田駅から約8分、山形空港から約40分
※冬期間は積雪のためビューポイントの東屋にアクセスできません

VP No.12

舞鶴山《まいづるやま》から見おろす 天童のまちなみ 39

舞鶴山から一望する天童公園と天童のまちなみ

将棋の街天童の風物詩「人間将棋」

天童市民の憩いの場の天童公園

天童市の中心部にある舞鶴山は、まちのシンボルとして市民に親しまれています。一帯は市民の憩いの公園になっていて、山頂の展望広場からは天童市の街並みや月山、葉山、朝日連峰などが一望できます。また、舞鶴山は桜の名所としても知られており、4月中旬にはおよそ２０００本の桜の下で、将棋の街天童の風物詩である、天童桜まつり「人間将棋」が行われます。

舞鶴山は、天童市の名前の由来になっている伝説の舞台の地でもあります。その昔、舞鶴山の山頂に、護衛童子（ごえいどうじ）と摩竭童子（まかつどうじ）なる童子が天から舞い降りてきたと言い伝えられており、二人の童子の「二」と「人」から「天」、そこに童子の「童」で「天童」という名前が名付けられたと言われております。

HPリンク

■天童市天童城山（天童公園）

■自動車/東北中央自動車道「天童IC」から約10分
山形自動車道「山形北IC」から約20分
JR天童駅から約1.5km
駐車場 約70台

VP No.71

最上エリア

Mogami

帰りたくない気持ちでいっぱいになった森

Yamagata
keikan
monogatari

巨木の森と森の恵みに触れる旅

【最上エリア】

◎Viewpoint

01　樹齢300年を超える美林 大美輪の大杉
02　大堰公園から眺める大堰鯉と金山のまちなみ
03　推定樹齢1000年 天然杉の御神木小杉の大杉
04　樹齢1000年を超える天然杉の群生地 幻想の森
05　ほたる火の里大蔵村 四ケ村の棚田

●Traffic guide

・移動時間(車)・・・約2時間30分
・滞在時間・・・5ポイント×30分＝2時間30分
・所要時間・・・約5時間

大堰で泳ぐ着物の柄から出てきたような鯉たち

ひんやりとしたマイナスイオンに包まれる

タイムスリップしたような佇まいの元郵便局

杉板塀と石畳の風情ある小路

樹々の静かな息づかいが聞こえてくるみたい

樹齢３００年を超える美林
大美輪の杉

美しい杉林に一歩足を踏み入れると、滝の霧の飛沫を浴びたようなひんやりとしたマイナスイオンに包まれる。耳を澄ますと樹々の静かな息づかいまで聞こえてきそう。

思い切り深呼吸をすると、巨大な杉の一本一本が、私に力を与えてくれる。見上げて歩いていたら、日頃の悩みなんか全部忘れてしまった。

この林を訪れる前の私と帰ってきてからの私は、まるで違う人間になってしまった気がする。

大堰公園から眺める
大堰鯉と金山のまちなみ

焦茶色の杉板塀と蔓細工の行灯が吊られた石畳の小路は、何とも言えない風情がある。

小路の脇を流れる大堰には、流れに逆らいながらも緩やかに優雅に泳ぐ鯉たち。着物の柄から出てきたように品があって、とても綺麗な鯉たち。いつかこの石畳を着物で歩いてみたいな。

まるで昔の日本にタイムスリップしたかのような街並みの美しさにうっとり。此処は時間がゆっくりと流れる特別な空間だ。

推定樹齢１０００年
天然杉の御神木小杉の大杉

山と小川と畑。のどかな景色を眺めながら歩いて行くと、自然と楽しい鼻歌が・・・。

一体どれがその樹なの？と思って振り返ると、いたー！トトロー！

日本の棚田百選に選定される美しい棚田

丸くて可愛いけど力強い。土地の守り神

鳥になって空からこの景色を見下ろしてみたい

森は心から童心に帰れる場所

棚田を一望できる「棚田見晴らし台」と「東屋」

木々の木漏れ日と吹き抜ける風に心が洗われる

鼻歌どころか大声で歌ってしまう

遠くから見ると丸くて可愛いけど、近づいて幹を見上げると、沢山の枝が力強く伸びている。

この大杉は千年もの間、しっかりと根を張り、土地を守り、無言で何かを語ってくれていたんだね。みんなが楽しく元気に歌えるように。

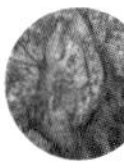

樹齢1000年を超える 天然杉の群生地 幻想の森

サーッ！と森を吹き抜ける風の音は、まるで海辺の波の音のよう。魚が水の中で暮らすことが当然のように、人も森の中で木々に触れて暮らすことが当然のことのように感じる。

森は心から童心に帰れる場所だ。木に登りたくてウズウズする・・・登りたいというか、自然と一体になりたい。

どんなテーマパークに行った時よりも、帰りたくない気持ちでいっぱいになった。

ほたる火の里大蔵村 四ケ村の棚田

田んぼの中を覗くと、たくさんのおたまじゃくしが、しっぽをゆらゆらとさせている。

段々になっている広大な田んぼを見渡すと、元気な緑色の稲が風に揺れている。水を張ってすぐの田んぼに空が映る春も、稲穂が黄金色に輝く秋も、きっと、素敵なんだろうなー。

この景色を見下ろしながら飛べたら気持ち良いんだろうなー。そんなことを考えていたら、カラスが一羽、お手本のように悠々と棚田に向かって飛んでいった。

立ち寄りどころ

【最上エリア】

お休み処 一福や
まごころの郷土料理で
ほっと一服。

金山小学校の脇にたたずむ、歴史ある白壁の金山住宅のお店。地元産旬の食材を使用した御膳や軽食をゆったりとした時間の中で堪能できます。 〒999-5402 最上郡金山町大字金山115-2 ☎0233-52-2420

カフェきのこの森
自然の恵みが詰まった
きのこがたっぷり。

エコパーク名物の「きのこしゃぶしゃぶ（要予約）」は、きのこ好きにはたまらない一品。他にもきのこをふんだんに使ったメニューが楽しめます。 〒999-5203 最上郡鮭川村川口4890 ☎0233-55-4455 HP：yamagata-ecopark.com

カネカ蔵カフェ
築120年の蔵で過ごす
素敵な時間。

穏やかな音楽に身を包まれる蔵カフェ。手作りのシフォンケーキやコーヒーも評判です。広い芝生のスペースもあるので、子ども連れにも人気。 〒999-5402 最上郡金山町大字金山405 ☎0233-64-2070 HP：kaneka405.com/cafe

戸沢のぼたもち

あんこ・きなこ・ごまの
柔らかく懐かしい味わい。

JR古口駅から徒歩3分のぼたもち専門店。戸沢村産のもち米100%とどらやきの老舗「榮玉堂」の餡を使用した、柔らかく懐かしい味わいのぼたもちです。あんこ・きなこ・ごまの3種類。　〒999-6401 最上郡戸沢村古口374　☎0233-72-2012

肘折温泉朝市

少し早起きして
昔ながらの朝市へ。

旬の山菜や野菜がずらりと並ぶ、肘折温泉名物の一つ。お店の方に調理法を聞いたり、地元の方との会話を楽しみながらお買い物が楽しめます。　〒996-0301 最上郡大蔵村南山
☎0233-76-2211

colina

オリジナルの韓国料理を
最上川の景色とともに。

店内から最上川を一望できる、道の駅とざわ高麗館内にあるレストランcolina（コリィナ）。ご当地流の冷麺やオリジナルの石焼ビビンバをぜひ味わって。　〒999-6402 最上郡戸沢村大字蔵岡3008-1
☎0233-72-3303　HP：kouraikan.com/kouraikan.html

ほたる火の里大蔵村
四ヶ村《しかむら》の棚田

秋 棚田は黄金色に染まる

一夜限りの幻想的な光景「ほたる火コンサート」

最上

四ヶ村は、山形県大蔵村の山間にある豊牧、滝の沢、沼の台、平林の４つの地区を総称したものです。四ヶ村地域は全体の世帯数で約１００戸、人口にした場合５００人程ですが、耕作面積は約１２０ヘクタール、田んぼ枚数にして１９００枚と、東北随一のスケールを誇ります。日本の棚田百選にも選定され、後世に残したい日本の原風景とも言える佇まいがあり、懐かしい風景に心が和みます。

厳しい気候風土と、月山、葉山の伏流水が棚田の米を美味しく育て上げてくれます。しか

interview

“この景観にたずさわっているひとびと”

四ヶ村は、豊牧、滝の沢、沼の台、平林の四集落を総称する呼び名であり、この四集落内にある棚田で四ヶ村の棚田は構成されています。

保全活動の一環として、地元大蔵中学校の生徒に棚田の歴史等の語りやほたる火コンサートのお手伝いをお願いしています。また、豊牧の棚田は、楽器の演奏に適した地形と言われており、ここで開催される「四ヶ村棚田 ほたる火コンサート」は、令和５年度で第20回となります。棚田にともるほたる火の中、幻想的な空間で演奏される素晴らしい音色を是非お越しの上、ご鑑賞ください。

四ヶ村棚田保存会会長
中島 敏幸 さん
大蔵村役場産業振興課
連絡先 0233-75-2105

40

東北でも随一の面積を誇る四ヶ村の棚田

し近年は、村に暮らす人々も高齢化の波にさらされ、やむをえず耕作を辞めてしまうことが多くなりました。そこで、日本の棚田百選の認定をきっかけに、四ヶ村棚田保存委員会が立ち上げられ、地域活性の中心を担う活動を行っています。

毎年8月に開催される「ほたる火コンサート」は四ヶ村の夏の風物詩です。棚田に約1200本のほたる火が灯り、ピアノとオカリナの澄んだ音色が響き渡ります。一夜限りの幻想的な風景に入り込んでみてはいかがでしょうか。

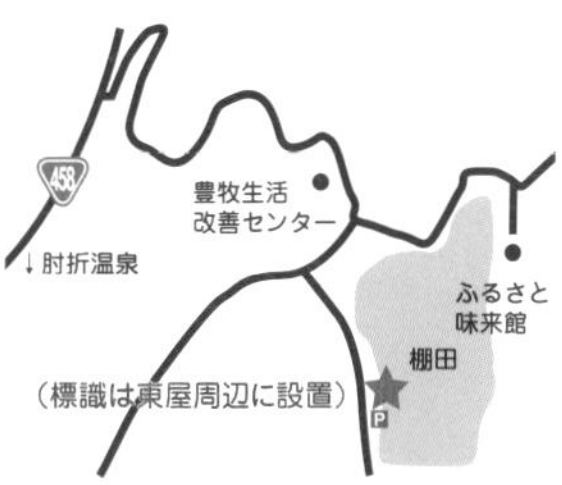

■大蔵村南山

■自動車/東北中央自動車道(尾花沢新庄道路)
「舟形IC」から約45分　JR新庄駅から約50分

※ビューポイントから先は、しばらく行くと行き止まりになります。

※冬期間は積雪のためアクセスできません

HPリンク

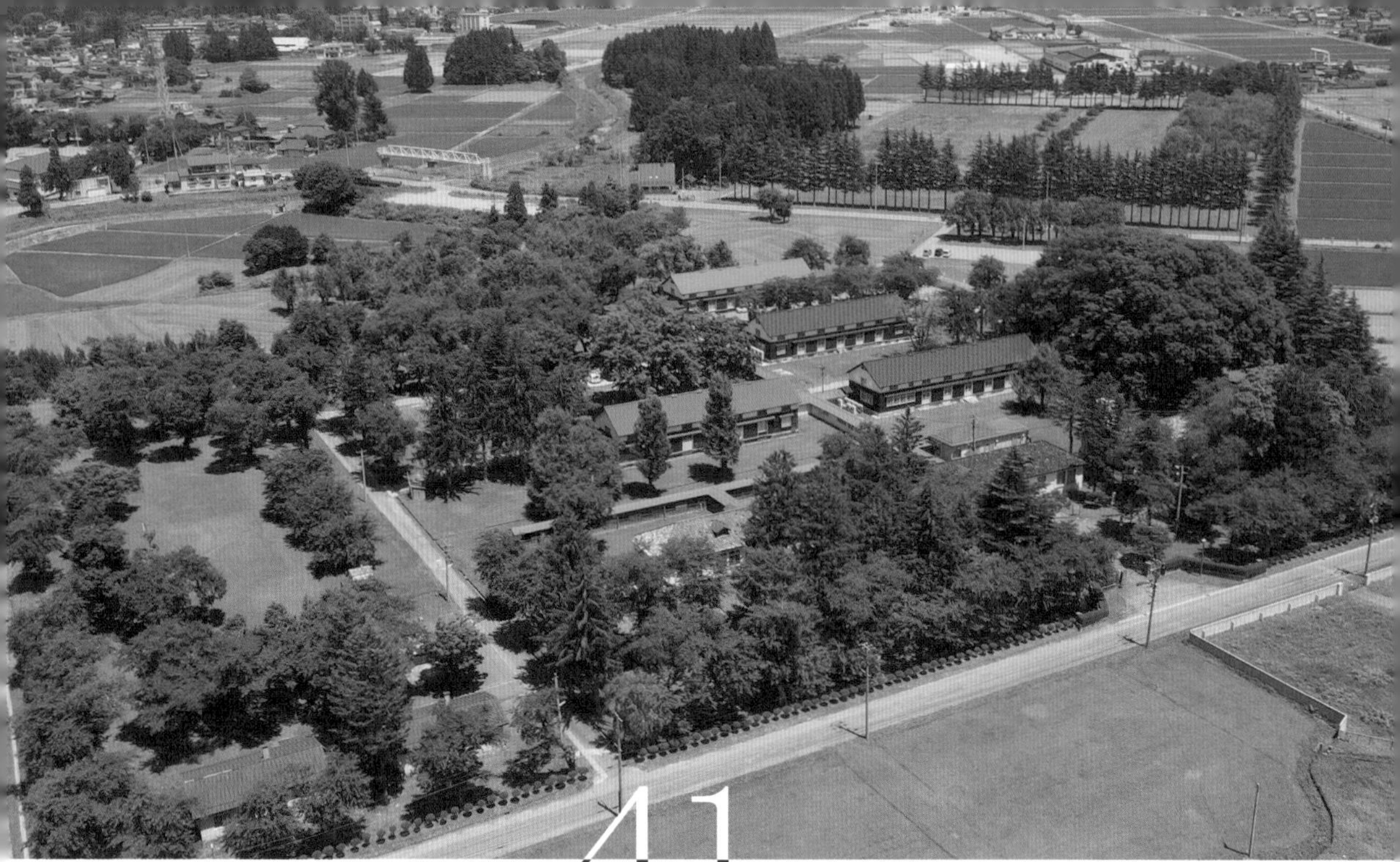

10ヘクタールの敷地内に歴史ある建築物が立ち並ぶ

41

VP No.41

最上

人と農の融合エコロジーガーデン
「原蚕の杜《げんさんのもり》」の自然と昭和初期建造物群

新庄市エコロジーガーデン「原蚕の杜」は、昭和9年に開かれた蚕業試験場でした。長年蚕や桑の研究が行われてきましたが、昭和63年にその役目を終え、平成14年に「原蚕の杜」として生まれ変わりました。平成25年には国の有形文化財に指定され、貴重な歴史ある建築物としてその姿を残しています。

約10㌶の広大な敷地には、桜や桑などの緑の木々が立ち並び四季折々の景観で来園者を楽しませてくれます。養蚕に関する展示のほか、芸術祭など各種催しも開かれ、新庄市の新たなシンボルとなっています。

5月～11月の第3日曜日には「キトキトマルシェ」が開催されており、毎月テーマに沿ったバラエティ豊かな店舗が30店舗以上出店します。地域の旬の農産物や、こだわりの加工品を、青空の元で生産者と交流しながらお買い求めいただくことができます。

キトキトマルシェの様子

ガーデン内の「おやさいcafe AOMUSHI」
店内ではカフェやセレクトショップが楽しめる

interview

“この景観にたずさわっているひとびと”

私たちは、エコロジーガーデンで産直まゆの郷を運営するとともに、建物群がある南エリアに隣接する北エリアの敷地の維持管理を行っています。

平成14年にエコロジーガーデンの利活用にあたり、真っ先に手を挙げたのが産直まゆの郷です。そこから、エコロジーガーデンを残していくにはどうしたらよいかも含めて試行錯誤しながら、関係者の方々と頑張ってきました。

今では、おやさいcafe AOMUSHIさん含めテナントが増え、キトキトマルシェのようなイベントも開催され、若い方のパワーも加わり活気ある場所となっています。

しんじょう産地直売所
運営協議会会長
坂本 孝一郎 さん
連絡先 0233-23-5007

■新庄市十日町6000−1
■自動車/JR新庄駅から約7分
東北中央自動車道（尾花沢新庄道路）
「新庄北IC」から約10分

HPリンク

本合海《もとあいかい》の最上川河川敷から眺める八向楯《やむきだて》 42

断崖が作り出す城壁　八向楯

芭蕉乗船の地を記念した銅像

矢向神社の鳥居
社殿は最上川を挟んだ対岸にある

本合海（もとあいかい）は、最上川中流に位置する、新庄市の一地区の名称です。古来より、内陸と庄内を結ぶ最上川舟運の中継地として栄えてきました。その本合海に所在する八向楯（やむきだて）は、最上川右岸の八向山山頂に築かれた中世の城（楯）です。八向山の南側は最上川に繋がる断崖となっており、自然が作り出す城壁となっています。本丸南側の白い断崖中腹に祀られている矢向神社は、古来より最上川を上下する舟人から厚い信仰を集めました。

「奥のほそ道」を旅した俳聖・松尾芭蕉も、この本合海より乗船し庄内へ向かったと言われております。付近には「芭蕉乗船の地」として、芭蕉と弟子の曽良の銅像が立っています。ビューポイントからは、最上川の雄大な流れに白い絶壁、青い空と朱色の鳥居が映え絶景です。

HPリンク

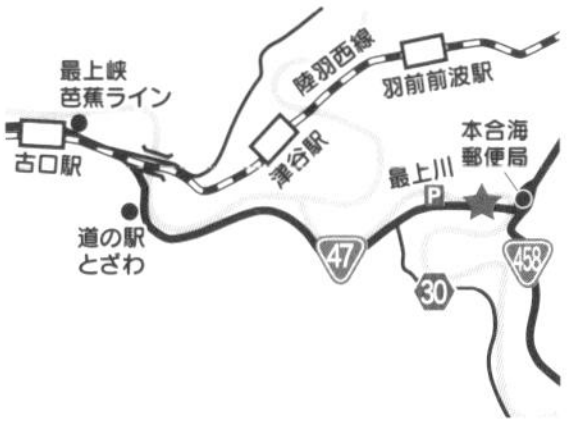

■新庄市本合海
■自動車/東北中央自動車道「新庄IC」から約20分
JR新庄駅から車で約20分

VP No.77

楯山から見る金山の街並みと月山・葉山の遠望 43

春 眼下に広がる金山の街並み

金山町の代表的な切妻屋根と白壁の木造住宅

ビューポイント付近

戦国時代、金山周辺は激しい争いが繰り広げられていた地域で、出羽の国の羽前（山形）と羽後（秋田）を隔てる重要な要害の地として、山の上にお城（金山城）が築かれておりました。金山城の廃城とともに城郭は取り壊されましたが、現在も複数の遺構を確認することができ、城門は金山小学校校庭の一角に歴史の門として保存されています。

身近な森林浴ができる場所として町民に親しまれており、眼下に広がる金山の街並みは、切妻屋根に木組みの柱と白壁の木造住宅がおりなす落ち着いた雰囲気の場所として知られ、近年訪れる人が増加してきています。月山、葉山、遠くは湯殿山と連なる山並みを一望することができ、歴史と自然と街並みを一度に楽しめるスポットです。

HPリンク

（標識は展望広場に設置）

■金山町金山
■バス/JR新庄駅から「金山」行きで約30分
■自動車/JR新庄駅から約30分
東北中央自動車道（尾花沢新庄道路）
「新庄北IC」から約30分

VP No.13

最上

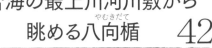

大堰公園《おおぜきこうえん》から眺める大堰鯉と金山のまちなみ

大堰公園 春は満開の桜が咲き誇る

鯉の休憩水路などがある憩いの広場 大堰公園
園内の休憩所でゆっくりとくつろぐこともできる

interview

“この景観にたずさわっているひとびと”

大堰は、昔から農業・生活・防火・融雪用水と様々な用途で使用され、地域の生活の身近にあります。また、鯉を、春に町内の認定こども園の園児が大堰へ放流するイベントが今では季節のひとコマとなっています。

大堰、楯山一体となって地域の皆さんから親しまれてきており、楯山では、スイセン、桜、ツツジ、アジサイなど四季折々の草花が楽しむことができ、楯山から眺める大堰公園や金山のまちなみと合わせて見どころのひとつと言えます。大堰、楯山とも金山町の大切な景観ですので、これからも地域の皆さんと守っていきたいです。

楯山を愛する会会員
川崎 恵佐夫（けさお）さん
連絡先 0233-52-7386

金山町の中心街を流れる石積みの用水路「大堰（おおぜき）」。大堰は、城下集落の農業用、宿場集落の農業・生活用水、まちの命の水として利用されてきました。現在でも金山町の美しさのシンボルとなっており、人々の暮らしの中に生き続けています。毎年4月下旬頃に、こども園の園児たちによって約150匹の鯉が放流される風景は、春の風物詩となっています。鮮やかな鯉の群れが水路を泳ぎ、せせらぎを聞きながら眺める桜と、思わず穏やかな気分になってしまう景観をお

44

春になると水路に鯉が放流される光景は、金山町の春の風物詩となっている

楽しみください。

大堰公園は緑溢れるのんびりとした時間が流れる公園で、園内の休憩所でおくつろぎいただけます。水路を悠々と泳ぐ鯉を観察しながら散策してみても良いでしょう。

冬季間、大堰は排雪溝として活用されるため、冬の到来の前には鯉たちの越冬作業が行われます。大堰から引き上げられた鯉は、付近にある八幡神社の池で穏やかに過ごします。元々この八幡神社の例祭であったといわれる「金山祭り」は、毎年8月に行われ、豪華絢爛な山車(だし)が町内を巡り、祭り囃子が終日響き渡ります。

■金山町大字金山（大堰公園）
■自動車/東北中央自動車道「新庄真室川IC」から約10分
■バス/JR新庄駅からバスで約40分

HPリンク

75　樹齢1000年を超える天然杉の群生地 幻想の森

45 〜最上地方 神秘の森林〜

樹齢1000年を超える 天然杉の群生地 幻想の森

最上峡の土湯山に「幻想の森」と呼ばれる、樹齢1000年を超える天然杉が群生する森があります。この幻想の森の杉は、根本近くからタコの足のように太い幹が枝分かれし、不思議な形をしているのが特徴です。樹齢1000年を超える巨木が群生し、静寂に包まれた神秘的な光景を作り出しています。

幻想の森は地元の人もあまり訪れない秘境の地です。細い林道の先にあるため、訪れる人はあまり多くありません。早朝や平日などタイミングが良ければ、森を独り占めすることができます。人里離れた場所のおかげか、空気が凛としていて、杉の清々しい香りがとても心地よい空間です。思い切り深呼吸してみてはいかがでしょうか。

有名CMや映画のロケ地にもなっており、JR東日本のCM「大人の休日倶楽部 最上峡　巨木編」で吉永小百合さんが森を歩くシーンが撮影され注目されました。

HPリンク

■戸沢村大字古口字土湯
■自動車／東北中央自動車道「新庄IC」から約45分
JR高屋駅からタクシーで約10分

推定樹齢1200~1500年といわれる木々の原生林が広がる。針葉樹と広葉樹が混ざって生えている珍しい場所だ。
※林道の道幅が狭くなっておりますので、すれ違い等ご注意ください。また、冬期には閉鎖されますので、予めご了承ください。

46

樹齢300年を超える美林
大美輪の大杉

藩政時代から植林が行われてきたとされる金山杉。金山町の大美輪（おみのわ）地域にあるこの杉林は、享保年間（1716年～1736年）に植栽されたと推測される杉林で、伐採を目的として植林された杉としては国内最大級といわれています。現存するする巨杉は115本を数え、その樹高は60ｍにも及び圧巻です。歩きやすいよう、林内の歩道にはウッドチップが敷かれ、散策するには絶好の場所です。冬季は立ち入れませんが、それ以外のシーズンは存分に森林浴を楽しむことができます。

金山町は秋田杉と並ぶ良質の杉の産地として知られています。ブランド銘木として名を馳せている「金山杉」は、樹齢80年以上の杉の伐採を基本としており、先人たちの偉大な贈り物が金山町の主産業となっています。杉の町金山では、杉を使用して作られた「スギッパ」など、杉にこだわった商品開発に取り組んでいます。

金山杉を加工して作られた「スギッパ」は人気商品

HPリンク

■金山町大字有屋
■自動車／東北中央自動車道「新庄真室川IC」から約20分
金山町役場から車で約10分

VP No.79

樹高60mを越す金山の巨杉。その姿は圧巻の一言。

VP No.82

最上

通称「トトロの木」 良縁や子宝のパワースポットとして人気

47

推定樹齢1000年
天然杉の御神木
小杉の大杉

鮭川村内の小杉地区にある大杉ということから、「小杉の大杉」という愛称で親しまれてきた大杉で、映画「となりのトトロ」のトトロの形に似ていることで「トトロの木」とも呼ばれるようになり、一躍有名になりました。推定樹齢1000年と言われているこの天然杉は、耳に見えるてっぺんの2本の枝と地面に近づくにつれ広がっていく形状は、ぽっこり出たお腹のようで、どこからどう見てもトトロ。根回り6.3ｍ、樹高約20ｍ、枝張り17ｍもあり根本には山神様が祀られています。

小杉の大杉はトトロに似ているというだけでなく、縁結びのパワースポットとしても知られています。夫婦杉、縁結びの木、子宝の木とも言われ、夫婦がこの木の下で手を繋いで休むと、子宝に恵まれると言い伝えられています。良縁のご利益もあるとされていますので、参拝されてみてはいかがでしょうか。

HPリンク

■鮭川村大字曲川113-2（駐車場）
■自動車／東北中央自動車道「新庄IC」から車で約40分
JR新庄駅から車で約30分

テラスから眺める山河　お風呂上がりに涼みながら眺めることができる

48

VP No.81

最上

舟形若あゆ温泉からの山河と里の眺め

舟形若あゆ温泉は、アユで有名な清流・最上小国川を見下ろす小高い丘に立つ温泉施設です。平成4年に県内最後に噴出した温泉で、これにより全市町村に温泉がある県となりました。山形県が温泉王国として売り出せるきっかけとなった温泉でもあります。強塩泉の泉質は皮膚病や婦人病に効果があり、「美肌の湯」として、開業以来多くの方々に親しまれています。

露天風呂やテラスからの眺望は絶景で、月山や葉山の山並みを一望でき、抜群の解放感を肌で感じることができます。その眺望の素晴らしさが認められ、山形県の眺望景観資産に指定されています。

若あゆ温泉を含む周辺は「あゆっこ村」と呼ばれ、コテージを借りて宿泊ができる他、キャンプを行うことも可能です。丘の上の清らかな空気の中で、ゆったりとした時間を過ごされてはいかがでしょうか。

あゆっこ村コテージ
お手軽にキャンプを楽しめる

露天風呂からの眺めも絶景

interview

“この景観にたずさわっているひとびと”

若あゆ温泉は、温泉と景観という県内でも珍しい組み合わせのビューポイントではないでしょうか。平成25年に県眺望景観資産に指定されており、月山や葉山など県内有数の山々と河岸段丘がおりなす雄大な景色は、四季折々の姿を見せ、開業以来多くの皆様に愛されてまいりました。

隣接するコテージを利用するお客様が温泉に入られる際に、絶景に気づき喜んでいただくこともあります。

より多くの皆様に、「美肌の湯」として親しまれている若あゆ温泉の大浴場や露天風呂、そして、この美しい景観を堪能いただければと思います。

株式会社舟形町振興公社
代表取締役
伊藤 誠宏 さん
連絡先 0233-32-3655

(標識は若あゆ温泉のバルコニーに設置)

■舟形町長沢8067
(舟形若あゆ温泉)
■自動車／東北中央自動車道
「舟形IC」から約10分
JR舟形駅から車で約10分

HPリンク

四季折々に美しい 最上白川砂防堰堤《もがみしらかわさぼうえんてい》 49

水が白い帯のようになって落水する様子が美しい

付近の最上白川渓流公園

最上の山々と調和した景観

最上白川砂防堰堤は、白川の上流部にある、全長273m、高さ12mの県内最大規模の砂防堰堤です。

堰堤表面に使用されている石は、地元産の安山岩が使用されており、背景となる自然と良く馴染んでいます。下流部は、迫力のある音と共に落水する水が白い帯の様に流れ、見る者を圧倒させる景観です。水害が多い土地を救った産業開発青年隊の献身の歴史的背景があり山形県の景観重要建造物に指定されています。また、上流部には白川渓谷があり、秋は紅葉を見るための観光客が数多く訪れます。付近には、オートキャンプ場や遊歩道が整備された「最上白川渓流公園」があり、イワナやヤマメなどの渓流釣りのポイントとしても有名です。釣った魚をキャンプ場の炊事場で調理することも可能です。

HPリンク

■最上町大字法田
(最上白川渓流・白川ダム公園)
■自動車／東北中央自動車道
「舟形IC」から約40分
JR最上駅から車で約20分

VP No.80

古の動植物と語らう 米湿原《よねしつげん》の眺め 50

貴重な動植物が数多く見られる米湿原

白花のザゼンソウ

あたり一面は緑に囲まれている

米湿原は、鮭川村南部の米地区に位置する自然豊かな湿原です。季節ごとに異なる花が咲き、四季に応じて様々な動植物が顔を出します。

この場所は、かつて田や葦刈(あしかり)の場として利用されていましたが、時が経つにつれ人が立ち入らなくなり、荒れ放題となっていました。そこで地区住民と鮭川村自然保護委員会により、復元活動を実施し、古来よりあったであろう植物が見事に再生した貴重な場です。現在でも地域住民や自然保護協会が主体となって保護活動を行なっております。

早春にはザゼンソウやミツガシワが咲き、ノハナショウブが初夏を盛り立て、サワギキョウやウメバチソウが彩る晩秋まで、四季を通じて様々な貴重な植物の花を見ることができます。ヤマセミやカモシカなどの希少生物も生息している自然豊かなスポットです。

HPリンク

■鮭川村川口
■自動車／東北中央自動車道
(尾花沢新庄道路)「新庄IC」から約20分
JR新庄駅から約25分
※冬期間は積雪によりアクセスできません

VP No.42

ビューポイントから見る雄大な景色
過去の偉人達も同じ景色を眺めていたのかも

51

VP No.15

猿羽根山《さばねやま》から見る月山と最上川の眺め

最上

かつて最上地方と村山地方を結んでいた羽州街道の道中でも難所として知られていた猿羽根峠（さばねとうげ）は、数多くの人々が行き交った場所であったと言われています。松尾芭蕉、斎藤茂吉、イザベラ・バード、清河八郎など、歴史に名を残した人物たちもこの峠を超え、多くの作品や言葉を残しました。現在は一帯が猿羽根山自然公園として整備されており、ビューポイントからは雄大な眺望を眺めることができます。

猿羽根山頂上にある「猿羽根山地蔵尊」は、日本三大地蔵尊の一つで、およそ１０００年前に安置されたと言われています。縁結び、子宝、延命のお地蔵さまとして信仰を集めており、県内外から多くの参拝客が訪れ信仰を集めています。隣接している「さばね山そば」の、前住職による手打ちそばは大変人気を博しております。併せてぜひお立ち寄りください。

さばね山そば 外観

朱色が映える猿羽根大橋

interview

“この景観にたずさわっているひとびと”

猿羽根山の旧展望台があった高台から見渡せる山々、最上川はとても美しいです。また、桜、ツツジ、アジサイ、スイレン、白萩など四季折々の草花も見どころで、訪れる皆さんに喜んでいただけるようほぼ毎日現場で草刈りや剪定などの作業を行っています。

毎朝、現場をチェックする際に今日はどこの手入れをしようか考えることもとても楽しく、やりがいを感じています。舟形駅から猿羽根山峠までの縁結びの道コースの案内も行っており、これからもたくさんの方々に訪れていただけるよう景観を守り続けて行きたいです。

猿羽根山縁結びの道保存会
鈴木 廣友 さん
連絡先 090-2026-8658

■舟形町舟形小田山2679
（舟形町農林漁業体験実習館）
■自動車／東北中央自動車道
（尾花沢新庄道路）「舟形IC」から約8分
JR新庄駅から約20分
■駐車場／農林漁業体験実習館
駐車場 約30台（大型車駐車可）
※12月から3月は通行止めのため、アクセスできません

HPリンク

晩秋の夕刻 越冬のために白鳥が数多く飛来する

52

VP No.16

真室川町野々村ため池から望む鳥海山

天候に恵まれれば水面に映る逆さ鳥海山を見ることが出来る

夏の夕暮れ時

一見道路端にある何気ないため池ですが、足を止めて眺めると、その先には美しい鳥海山を見ることができます。夏場は青々とした田園風景が広がり、冬になると300羽以上の白鳥が飛来し、季節ごとに違った鳥海山の風景を楽しむことができます。冬の晴れの日に見ることのできる鳥海山と白鳥の白さ、水面の青さは冬の真室川を彩る貴重な景色です。天気が良く、風の無い日には、水面に映る逆さ鳥海山が見事です。

このため池は湧水が水源となっており、冬でも凍らないため、白鳥や渡り鳥の休憩スポットとなっています。ぜひ、鳥たちが羽を休める姿を眺めて一息ついてみてはいかがでしょうか。

元々は付近の農業用水のため池であり、地元住民が協力して付近の清掃や草刈り、ブラックバスの駆除などの保全活動を行っています。

■真室川町内町
■自動車／東北中央自動車道
（尾花沢新庄道路）「新庄北IC」から約20分
JR真室川駅から約5分
JR新庄駅から約20分

HPリンク

神室連峰の山々を眺めながら乗馬トレッキング

53

VP No.14

牧場内の動物とのふれあい

前森高原フロンティアファーム

最上町前森高原《まえもりこうげん》から見る神室連峰

最上

200㌶の広大な敷地が広がる前森高原は最上町一押しのレジャー・景観スポットです。遮る物のない草原の彼方に神室連峰を見ることができ、雲の流れる様や草原を渡る風の音が大自然の素晴らしさを再発見させてくれます。

施設内では乗馬トレッキングが人気を博しており、神室連峰を眺めながらゆったりと乗馬を楽しむことが出来ます。その他にも園内では山羊や羊など沢山の動物と触れ合い体験をすることが可能です。

前森高原の良質な伏流水と、山形県産の豚肉を100%使用したウインナーは一つ一つ手作業で造っており人気商品です。桜チップでじっくり時間をかけて燻製した香り高い味わいは絶品です。こちらは園内併設のビアハウスで食べることが出来ます。

毎年8月は、サマーフェスティバルが開催され、1000人を超える来場者で賑わいます。

interview

"この景観にたずさわっているひとびと"

前森高原から見る神室連峰は、春先の青々とした牧草や深秋の紅葉の時期が見ごろです。また、街灯が少ないことから夜空の星も見ごたえがあります。さて、皆さんはホースセラピーという言葉を聞いたことがありますか。前森高原でも、歩行が難しい方が自力で乗馬できたり、動物が苦手な方でも馬は触ることができたり、馬には人を癒す力があると感じています。

前森高原にお越しいただき、神室連峰の壮大な景色と合わせて、乗馬のほか、キャンプやバギーなどの様々なアクティビティを楽しんでいただければと思います。

株式会社MGM
下山 芳樹 さん
連絡先 0120-443-522

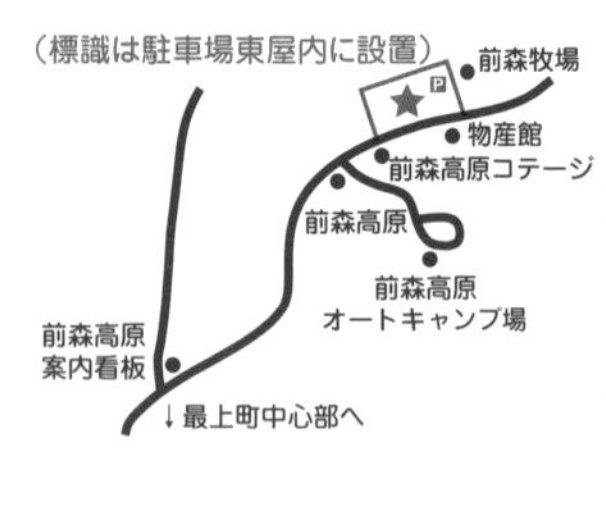

■最上町大字向町
■自動車/東北中央自動車道
(尾花沢新庄道路)「舟形IC」から1時間
東北自動車道「古川IC」から1時間50分
JR最上駅から約12分
※冬期間は4月中旬まで一部施設を除き休業となります

HPリンク

道の駅とざわから見る 高麗館《こうらいかん》と最上川 54

ビューポイントからの眺め

高麗館ランタンナイト

韓国文化を再現した高麗館

道の駅とざわ高麗館は、庄内と最上を結ぶ国道47号線沿いに位置する、韓国文化を再現した建物が特徴の道の駅です。日韓友好の象徴として建てられた施設であり、館内では韓国の飲食店やお土産屋など、数多くの韓国文化に触れ合えることができます。物産コーナーで人気を博しているのが「高麗美人アイス」。金箔と高麗人参パウダーをあしらったアイスで、美容効果の高い高麗人参をお手軽に食べることができます。韓国の民族衣装であるチマチョゴリを体験できるコーナーと、プチ韓国旅行を楽しんでみてはいかがでしょうか。

HPリンク

ビューポイントからは、雄大な最上川を高所より眺めることができます。また、最上川の向こう岸は田畑が広がり、春の田植えや冬の雪化粧と、四季それぞれの景色を楽しむことができます。

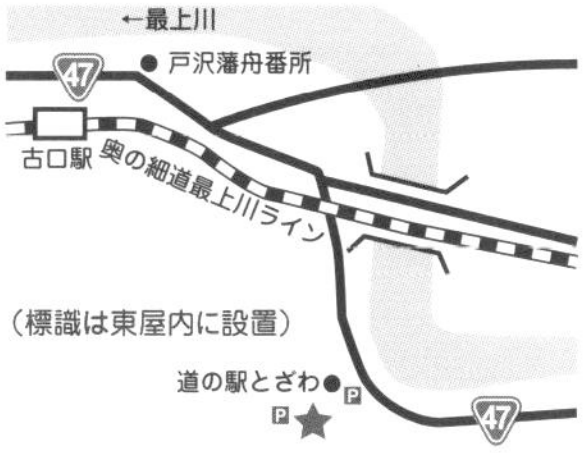

■戸沢村蔵岡黒淵3008-1（高麗館）
■自動車／東北中央自動車道（尾花沢新庄道路）「新庄IC」から約25分
JR新庄駅から約30分
※冬期間は積雪のためビューポイントの東屋にアクセスできません

古口排水機場《ふるくちはいすいきじょう》から眺める母なる川 最上川と夕日 55

夕陽を映し出す最上川の水面

のどかな日中の景色

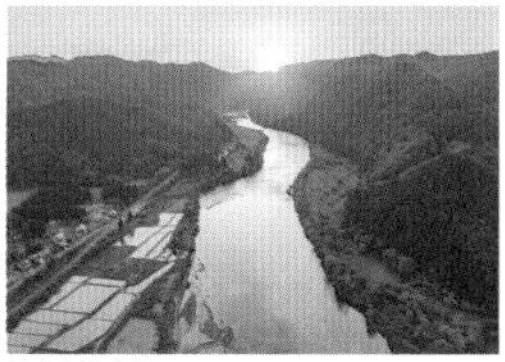
雄大な最上川

古口排水機場付近では、釣りや散策を楽しむことができます。ここから眺める最上川の景観は、幾重にも重なる山々の間を流れ、山懐に吸い込まれていく様です。日が落ちる夕暮れ時は、刻々と色を濃くしていく夕焼けが最上川に反射して、なんとも言えぬ情緒的な景観を作り出します。季節や時間帯によって変わる様々な最上川の表情をお楽しみください。その眺めの美しさから「最上川ビューポイント」に指定されており、四季折々の佳景に出会える場所でもあります。また、最上川舟下りのルートにもなっており、毎年多くの方々が訪れております。雄大な自然の中を船頭の舟唄を聞きながらゆっくりと下る舟下りは、四季を通じていつでも楽しめます。

HPリンク

■戸沢村大字古口字古口（古口排水機場）
■自動車／東北中央自動車道「新庄IC」から約35分
■鉄道／JR古口駅より徒歩約10分

義経と芭蕉 伝説と史実が交わる

最上峡白糸の滝《もがみきょうしらいとのたき》

山々が紅く染まる紅葉時も見どころ

舟でしか行くことの出来ない「外川神社（仙人堂）」

interview

“この景観にたずさわっているひとびと”

白糸の滝ドライブイン支配人
今野 智志 さん
連絡先 0234-57-2011

最上峡の滝群の西端にある白糸の滝は、日本100名滝に選定されています。

白糸の滝ドライブインは、日本三大急流最上川をはさんで白糸の滝を真向かいに眺望することができます。なお、最上川に落ちる水が白糸のようであることから白糸の滝と名付けられたようですが、実は、冬に滝は凍らず、また、最上川の雪も溶かしていないことから、最上川にはほとんど滝が落ちていないようだ、との説もあります。春夏秋冬それぞれで違いが楽しめる景観を、白糸の滝ドライブインにお越しいただき、是非ご覧いただきたいと思います。

白糸の滝は、日本三大急流である最上川に落ちる落差124mを誇る名瀑です。最上川に落ちる水が白糸の様であることから名付けられました。最上川は昔から様々な物や人を運んできました。平泉に下る源義経（みなもとのよしつね）や酒田へ下る松尾芭蕉もこの滝を眺めたことでしょう。舟下りの船上から滝を眺め、義経や芭蕉と同じ景色を味わうことができるスポットです。

白糸の滝付近には仙人堂（外川神社）と呼ばれる御堂があります。これは義経が奥州に

56

最上

厳寒なる冬景色はまるで水墨画のよう 最上川舟下りは四季を通して楽しむことができる

落ちのびた折の従者であった常陸坊海尊(ひたちぼうかいそん)を祀る神社で、古くから農業、航海安全の神として信仰されてきましたが、現在は縁結びの神社として人々に親しまれています。また、芭蕉が詠んだかの有名な「五月雨を　集めて早し　最上川」は仙人堂で詠まれたものと言われております。仙人堂は最上川を挟んだ対岸にあるため、今も舟でしか辿り着けず、最上川舟下りを利用することでのみ参拝が可能です。舟下りでは、知識豊富な船頭さんが義経伝説や芭蕉の魅力を舟唄を歌いながら楽しくガイドしてくれます。

■戸沢村古口1496-1(白糸の滝ドライブイン)
■自動車/東北中央自動車道(尾花沢新庄道路)「新庄IC」から約50分
JR新庄駅から約55分、JR高屋駅から約5分
日本海東北自動車道「酒田IC」から約55分
山形自動車道「鶴岡IC」から約55分

HPリンク

置賜エリア

Okitama

南陽スカイパーク
上杉神社
天元台高原
白兎駅
御成山公園
八ヶ森
瓜割石庭公園
烏帽子山公園
熊野大社
亀岡文殊
まほろば古の里歴史公園
ながい百秋湖
白川湖
樽口峠
横川ダム
荒砥鉄橋
下小松古墳群
天狗橋
どんでん平ゆり園

思わず発した大地から生まれたような声は、石壁に跳ね返り、コンサートホールでの歌声のように響き渡る

Yamagata
keikan
monogatari

雄大な眺望と
パワースポットの旅

【置賜エリア】

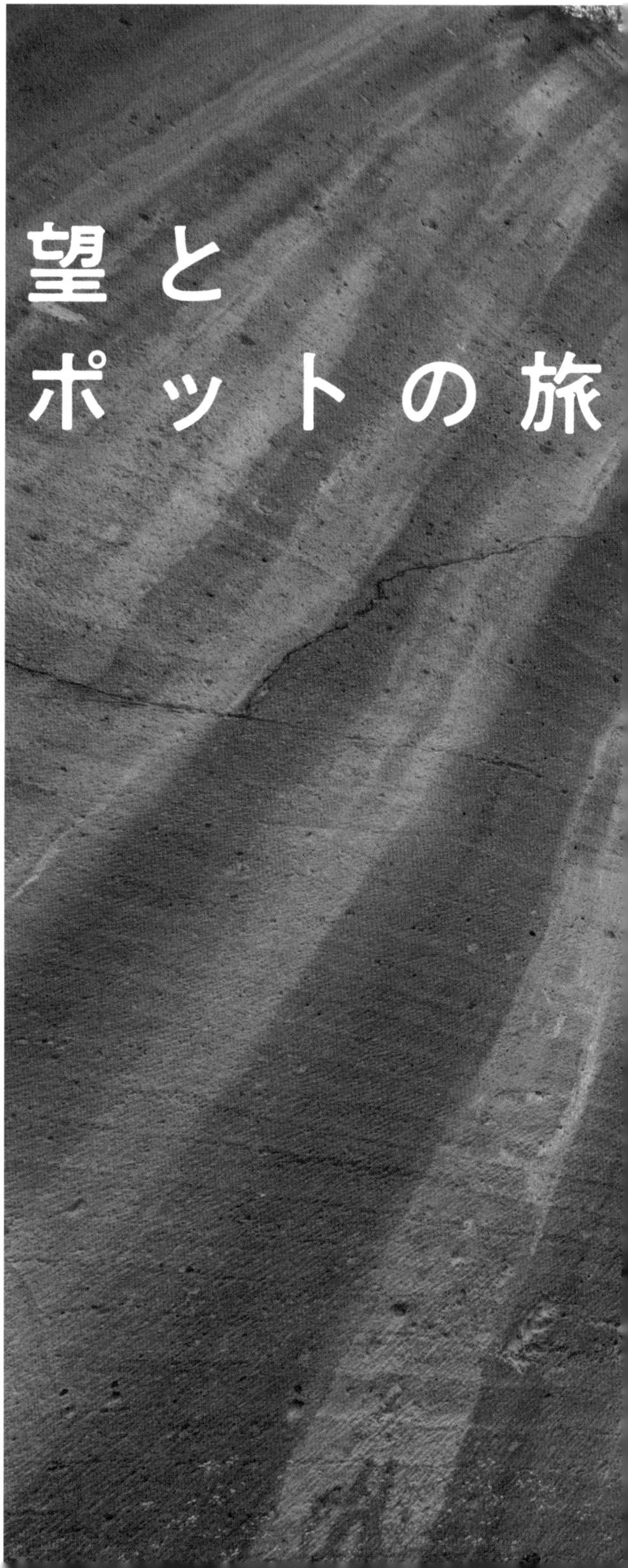

◎**Viewpoint**

01 **湖畔から見る白川湖と飯豊連峰**

02 **軍神・上杉謙信を祀る美しきパワースポット上杉神社**

03 **高畠石の不思議空間 瓜割石庭公園**

04 **縁を結ぶ熊野大社への参道と大銀杏の眺め**

05 **南陽スカイパークから見る白竜湖と置賜盆地の眺め**

●**Traffic guide**

・移動時間（車）・・・約2時間30分

・滞在時間・・・5ポイント×30分＝2時間30分

・所要時間・・・約5時間

【置賜エリア】

上杉神社の本殿へ向かう。神聖な気持ちになる

雄大な景色に心地良い風が吹き抜ける。飯豊連峰からの風なのかな？

戦国時代を彷彿とさせる米沢城のお堀

鷹山公とお決まりのポーズ

御朱印もいただきました

向こう岸の建物が西洋のお城みたい

小鳥たちの競い合うような囀りに癒やされる

湖畔から見る 白川湖と飯豊連峰

5月までは水没林だったのに、今は湖底が見えてしまっている。なんか不思議な感じだ。

水没していた階段の途中には、水面がそこまであった跡。1ヶ月もの間、湖水に浸かっていた木々や草花は、何事もなかったように生い茂り、キラキラと眩しく輝き、色鮮やかに咲いている。

すぐ近くの木で子どもの鶯が鳴き方を練習してる。その不器用で愛らしい鳴き声にクスッと笑ってしまう。みんな、一生懸命に生きている。

軍神・上杉謙信を祀る 美しきパワースポット 上杉神社

お堀の水面には、木々と青い空、白い雲が、水彩画のように映し出されている。

上杉神社でお参りした後は、力強い気持ちが漲る。握り拳なんか作って天にかざしたくなる。

背筋がしゃんとしたところに「為せば成る」と鷹山公からも激励される。そうそう、前向きに行動したらなんでもできるんだよね。頑張ろー！

私は力強い気持ちで微笑んで、いただいた御朱印を大切に仕舞う。

高畠石の不思議空間 瓜割石庭公園

巨大な石壁をずーっと見上げていくと、口を開けながら反り返ってしまうほどの大迫力。

一体どうやってこんな大きな石を綺麗に切り出すことが出来たのだろう。昔の人は凄い。

県指定文化財・天然記念物の大銀杏と境内への石段

憧れのパラグライダー。眺めてるだけでも気持ち良ーい!

自然が作り出したモダンアートのようなストライプ模様

東北の伊勢ともいわれる熊野大社の拝殿

大好きな曲「サウンド・オブ・ミュージック」を歌う

カラフルな風鈴とミストシャワーのトンネル

思わず触れたくなる美しい石壁

自然が創り出したアートのようなストライプ模様の美しい石壁に刺激されて、思わず発した大地から生まれたような声は、石壁に跳ね返り、コンサートホールでの歌声のように響き渡る。

縁を結ぶ熊野大社への参道 大銀杏の眺め

参道を守っているように佇む大銀杏は、とても頼もしい。「良くないことを企んでいる人は、ここから優しく帰されちゃうのかも?」なんて思いながら境内への石段を昇る。拝殿から差し込む陽光が、優しく身体を包んでくれる。

境内で鳴り響くカラフルな風鈴は、子供たちのようにはしゃぎながら、心地良い風の通り道を教えてくれる。なんて賑やかで、綺麗な音なんだろう。身体を通り抜けるような爽やかな風に心が浄化されるようだ。

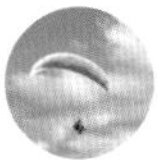

南陽スカイパークから見る 白竜湖と置賜盆地の眺め

空が広ーい! 景色も広ーい! 少し伸びた芝生がくすぐったくて気持ち良ーい!

丘の上からの雄大な景色を眺めていると、こまでも気持が広がって、大好きな曲「サウンドオブ・ミュージック」を口ずさんでいた。

憧れのパラグライダーがゆっくりと大空を旋回する。羨ましいけれど、「眺めている私もすっく気持ちがいいよー!」と大声で伝えたくなる。

山形には、「パワースポット」と謳っていなくも、パワーをもらえる場所が沢山あるのだ。

立ち寄りどころ

【置賜エリア】

上杉伯爵邸

風格の屋敷と日本庭園で
ちょっと贅沢なランチを。

献膳料理は「お殿様に食べていただくにふさわしい料理」という意味をこめて命名された郷土料理で、ランチメニューの定番となっています。 〒992-0052 米沢市丸の内1丁目3-60 ☎0238-21-5121 HP:hakusyakutei.jp

高畠ワイナリー

花のワイナリー
高畠の四季を心ゆくまで。

地元の葡萄にこだわった東北最大規模の観光ワイナリー。ショップではワインの無料試飲が楽しめるほか、春・秋と2回ワイナリーイベントも。 〒999-2176 東置賜郡高畠町大字糠野目2700-1 ☎0238-40-1840 HP:takahata-winery.jp

和庭

米沢ならではのメニュー。
全身で感じる文化と歴史。

伝統産業である米沢織の着付け体験も楽しめる和風カフェです。テイクアウト可能なメニューもあるので歴史ある上杉神社散策のお供にも。 〒992-0052 米沢市丸の内1丁目3-60 ☎0238-21-5121 HP:hakusyakutei.jp/nagomitei

icho cafe

巨木のもとで
パワー感じる一杯を。

熊野大社境内の大きな銀杏の木の下にあるカフェ。手作りドリンクやスイーツを提供しており、参拝後にも香り高いコーヒーを味わえます。 〒992-0472 南陽市宮内3707-1 ☎0238-20-6110 HP:ichocafe.com

漆山果樹園

旬のくだものを
贅沢にいただこう。

果樹園に併設しているからこそできる、ぜいたくなカフェメニューが県内外から大人気を呼ぶお店。旬の時期にはぶどう狩りも楽しめます。 〒999-2213 南陽市松沢202-1
☎0238-43-3739 HP:urushiyama.com

農家レストラン エルベ

地元の食材にこだわった
本格イタリアンに舌鼓。

のどかな田園風景の中にたたずむイタリアン・レストラン。新鮮な地元食材をふんだんに使用した料理は、地元の方からも愛されています。 〒999-0602 西置賜郡飯豊町萩生3549-1
☎0238-86-2828 HP:erbe.jp

南陽スカイパークから見る 白竜湖《はくりゅうこ》と置賜盆地の眺め

置賜盆地を埋め尽くす雲海

ハングライダーで置賜盆地を一望

まるで白竜湖から白い龍が出てきたような霧を捉えた奇跡的な瞬間

南陽スカイパークは、パラグライダーやハングライダーのフライトエリアで、日本選手権の会場にもなる日本有数のスカイスポーツエリアです。園内では年間を通してスカイスポーツを体験することができます。鳥のように大空を飛ぶ刺激的な体験にきっと魅了されることでしょう。

南陽スカイパークは、「雲海」を観測できるスポットとしても有名です。置賜盆地の底に溜まった大気が水蒸気となることで、濃霧が発生し、標高の高い場所から見た際に雲海として眺めることができます。雲海は気象条件

57

刺激的な天空の世界へ

さえ揃えば、年間を通して発生しますが、特に秋の季節が発生率が高くオススメです。置賜盆地を埋め尽くす雲海はまさに絶景です。

ビューポイントから見える白竜湖には古くから伝わる言い伝えが残されています。「ある時置賜が日照りで雨が全く降らず、水不足のため、あちこちで激しい闘争が起こるようになった。そこへ旅の僧がやってきて三日三晩経文を唱えると、雨が降り出し、湖から白い竜が巻物をくわえ天に昇っていったという…」このような伝説から白竜湖と呼ばれるようになったと伝えられています。山上から見下ろす白竜湖は美しく神秘的な景観です。

HPリンク

■南陽市赤湯
■自動車/東北中央自動車道「南陽高畠IC」から約15分
JR赤湯駅から約12分
※冬期間は積雪のためアクセスできません

参道から望む上杉神社

58

VP No.85

上杉雪灯籠まつり

舞鶴橋

軍神・上杉謙信を祀る美しきパワースポット

上杉神社《うえすぎじんじゃ》

戦国最強の武将と語り継がれている上杉謙信を祭神として米沢城本丸跡に建立された上杉神社。上杉謙信にあやかって開運招福や諸願成就、さらには学業成就や商売繁盛のご利益もあるとされるパワースポットです。

参道にある舞鶴橋には「毘」と「龍」という文字が書かれた軍旗が翻ります。「毘」は上杉謙信が毘沙門天を厚く信仰していたことに由来。「龍」は不動明王を表し、全軍総攻撃をする際に突撃の合図として掲げられた旗と言われています。仏教を篤く信仰した上杉謙信は、合戦に際して毘沙門天と不動明王という最強の両神を味方につけて戦ったとされます。

毎年2月に開催される「上杉雪灯篭まつり」では、300基を超える雪灯篭と、1000個もの雪ぼんぼり(雪洞)にろうそくが灯され、辺り一面は幻想的な美しさに包まれます。

置賜

interview

“この景観にたずさわっているひとびと”

上杉神社は、戦国最強の武将と語り継がれている上杉謙信にあやかり、パワースポットとして全国各地から多くの皆さんにご参拝いただいています。

上杉まつりや上杉雪灯籠まつりなど様々なイベントも催され、地域になくてはならないシンボルだと感じています。また、上杉神社に隣接する稽照殿は、登録博物館として多くの宝物を収蔵・展示しており、一般の方はもちろん、学生の学習の場としても活用いただいています。神社や上杉氏の歴史・文化の魅力を発信していますので、上杉神社へご参拝の際に足を運んでいただきたいと思います。

上杉神社宮司
大乗寺 真二 さん
連絡先 0238-22-3189

■米沢市丸の内1-4-13(上杉神社)
■自動車/東北中央自動車道「米沢中央IC」から約5分
JR米沢駅から車で約3分
■鉄道/JR米沢駅から徒歩約30分

HPリンク

ビューポイントから米沢盆地を一望

39

VP No.44

西吾妻観光の源 天元台高原《てんげんだいこうげん》からの米沢盆地と日本百名山

天元台は、もともとあった地名ではなく、昭和40年代にこの地が開発されるにあたって、当時の米沢市長により命名されました。「天元」とは囲碁用語で基盤の中心のことで、「世界の中心」という意味です。

日本百名山のひとつ「西吾妻山」の中腹に位置しており、麓の白布温泉からロープウェイにて10分程で登ることができます。さらに、天元台高原からは、リフトで北希望台(1820m)まで登ることができ、高低差のあるリフトからは様々な植生や絶景を楽しむことができます。

冬季は本州トップクラスのパウダースノーが楽しめ、山頂直下からのびるゲレンデはツガの大原生林に包まれており、樹氷に出会えるチャンスもあります。ゴールデンウィークまで春スキーが楽しめるのも魅力の一つです。

HPリンク

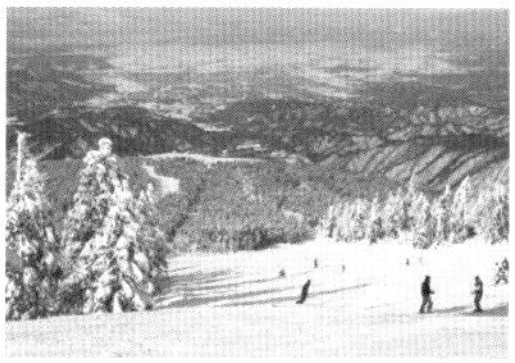
天元台高原スキー場

日本百名山のひとつ「西吾妻山」

interview

“この景観にたずさわっているひとびと”

株式会社天元台常務取締役
太田 幸男(さちお)さん
連絡先 0238-55-2236

天元台高原は、標高1,300mに位置することから、他のビューポイントとは異なる景色をご覧いただけると思います。

飯豊山や朝日岳など県内5つの名峰が見渡せるパノラマ展望台や雲上テラス、火焔の滝展望台など多くの見どころがあります。また、飯豊山に沈む夕焼けは、赤やオレンジのほか、珍しい紫がかった色合いを見ることができる日もありますし、米沢盆地の夜景にもとても癒されます。今後も訪れていただく皆さんに様々な景色やアクティビティなど、非日常を体感いただけるよう、創意工夫を凝らしながら、社員一同取り組んで参ります。

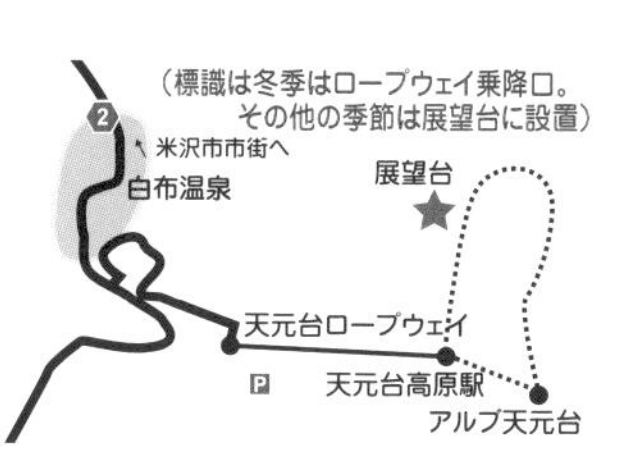

■米沢市李山(天元台高原)

[天元台ロープウェイ湯元駅まで]

■自動車/東北中央自動車道「米沢八幡原IC」から約30分
JR米沢駅から約30分

■バス/JR米沢駅から白布温泉行きで約40分

[天元台ロープウェイ湯元駅から]

■ロープウェイ/天元台高原駅下車徒歩約5分

冬の葉山を背に走るフラワー長井線

VP No.21

白兎駅《しろうさぎえき》から見る フラワー長井線と西山の眺め

白兎駅(しろうさぎえき)は、平成元年に開業した、のどかな田園の中にある単線の無人駅です。駅舎外観にはウサギのモチーフが描かれ、駅舎内には兎のモニュメントがあります。特徴的な白兎駅という駅名は、周辺の地名からとっており、「しろうさぎ」と読む地名は日本で唯一と言われております。

その白兎駅を走るのが山形鉄道フラワー長井線です。南陽市の赤湯駅から西置賜郡白鷹町の荒砥駅に至る鉄道路線で、4市町を結ぶ沿線に花の名所が多いことから、「フラワー長井線」の名称で親しまれています。ラッピングが施された車両が特徴的で、沿線沿いの市町村を代表する花々がモチーフになっており、様々なラッピングで楽しませてくれます。

美しい田園風景と、遠景の西山を望むことができる場所で、四季折々の風景を見ることができます。

置賜

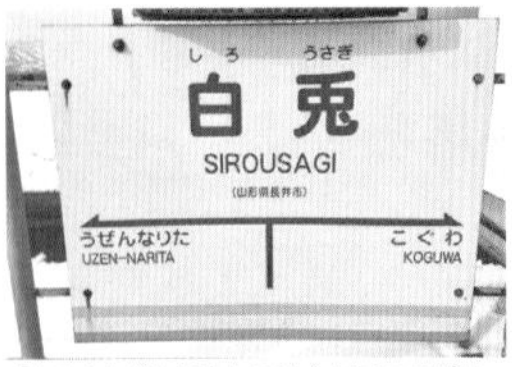

「しろうさぎ」と読むのは全国でここだけ

水田に反射するフラワー長井線

interview

“この景観にたずさわっているひとびと”

白兎駅は、視界を遮る建物などがないことから、白兎駅のバックに葉山連山を見渡すことができます。

駅舎の外観が兎をモチーフにできていることから、駅舎を含めて葉山(西山)を撮影すると駅舎も映えます。また、四季折々の景観を楽しむことができ、春は田んぼの水鏡に映るフラワー長井線列車、夏は青々と成長する稲、秋は黄金色に輝く田んぼ、冬は真っ白な葉山(西山)と見どころ満載です。

鉄道写真家の中井精也さんを始め、多くの写真家を魅了する景観を、是非、現地でご覧いただきたいと思います。

観光ボランティアガイドながい
黒獅子の里案内人兼写真家
鈴木 亮(まこと) さん
連絡先 0238-88-3518

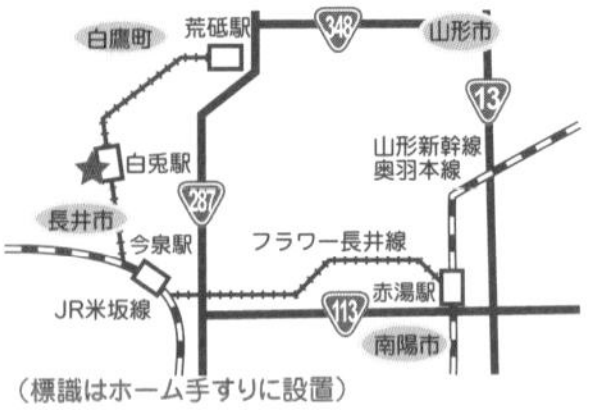

■鉄道/山形鉄道(フラワー長井線)
白兎駅下車
■自動車/東北中央自動車道
「南陽高畠IC」から約40分
山形鉄道(フラワー長井線)
長井駅から約10分

HPリンク

御成山《おなりやま》公園から見る米沢盆地と吾妻連峰　61

ビューポイントからの眺め　米沢盆地を一望出来る

朝焼け空も非常に美しい

日の出前のブルーアワー

御成山（おなりやま）は、かつて怪物がいたという伝説から化物沢（ばけものざわ）と人々に呼ばれていたそうです。昭和11年開催の全日本学生連盟スキー大会に秩父宮殿下（昭和天皇の弟）が来臨（らいりん＝お成り）され、これを記念して御成山と改名されました。御成山はスキー場として活用されてきましたが、現在はジャンプ台のみがその姿を残しています。

御成山公園では、南に吾妻山、東に栗子山から蔵王山、北に大朝日岳など山形県南部の主要な山々と眼下に広がる米沢市街地を一望できます。夜景スポットとしても有名であり、米沢市が作り出す美しい夜景を眺めることができます。市街地からも近く、駐車場も整備されており、アクセスの良いスポットとなっています。

HPリンク

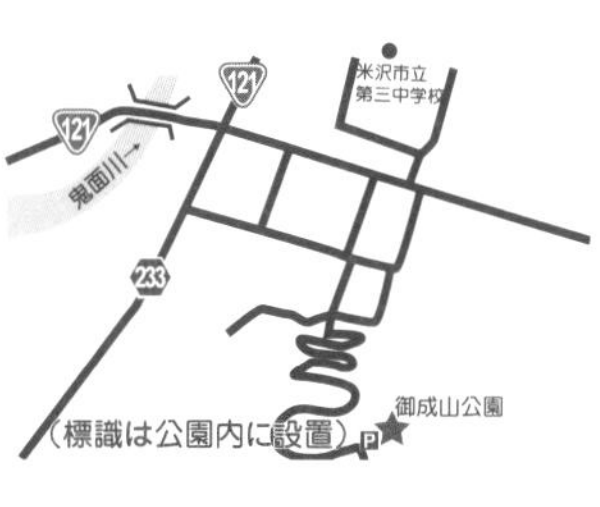

■米沢市舘山
■自動車／東北中央自動車道「米沢中央IC」から約20分
JR米沢駅から約15分

VP No.19

八ヶ森《はちがもり》より望む長井の眺望　62

八ヶ森から見る夕暮れ時の長井市

春 八ヶ森から望む飯豊山

冬 八ヶ森から望む飯豊山

今泉地区にある今泉山は通称「八ヶ森（はちがもり）」と呼ばれ、北八ヶ森と南八ヶ森からなる周囲の山々を眺望できる景勝地で、「八ヶ森自然公園」として長井市民の憩いの場となっています。八ヶ森のシンボルであった推定樹齢２５０年の「種松」が北八ヶ森の山頂に育っていましたが、平成24年に、松食い虫の被害に遭い伐採されました。現在は実生の松が順調に生育し、再び八ヶ森のシンボルとなることを期待し、地区をあげた保全活動が実施されています。

桜の時期には、満開の桜と遠くに見える西山の残雪を見ることができ、澄んだ空気の中美しい景色を見ることができます。またビューポイントである、ながい百秋湖方面や飯豊町どんでん平ゆり園を遠くに眺められます。

HPリンク

■長井市今泉（八ヶ森自然公園）
■バス／「今泉駅前」から「置賜総合病院前」行きで「八ヶ森自然公園口」まで約5分
■自動車／国道113号赤湯バイパス終点（竹原交差点）から約10分
今泉駅から車で約4分（徒歩で約15分）

VP No.59

高畠石《たかはたいし》の不思議空間

瓜割石庭公園《うりわりせきていこうえん》

目の前にそびえる絶壁 その高さはおよそ30m

瓜割石庭公園が会場となった「岩壁音楽祭」の様子 ©河澄 大吉

瓜割石庭公園は、高畠石の石切場を公園として整備したところです。古来からの石切場の風情が色濃く残り、その景観は迫力満点で見たものを圧倒させます。名前の由来は、かつて石切り場のそばに湧く清水に瓜を投げ入れたところ、あまりの水の冷たさに瓜が割れてしまった、という言い伝えから名づけられました。

高畠石は、黄色味を帯びた凝灰岩で、無数の気泡があるのが特徴です。どことなく温もりを感じる風合いが好まれ、様々な用途に使用されてきた町の

63

見た者を圧倒する迫力満点の景観　かつては石切場と呼ばれる採石場であった

特産品です。高畠石は江戸期から数百年にわたり、「ホッキリ」と呼ばれるつるはしや、玄のうを用いた手掘りで採掘されてきました。そのため、一本の角石を取り出すのに約4000回もホッキリを振り下ろさねばならず、一日一本の角石を採れれば一人前と言われました。大正12年から平成22年まで採掘されていました。

その壮大な空間から近年、写真映えスポットとして人気が高まっています。また反響の良い場所であるため、ライブ会場としても使用されています。

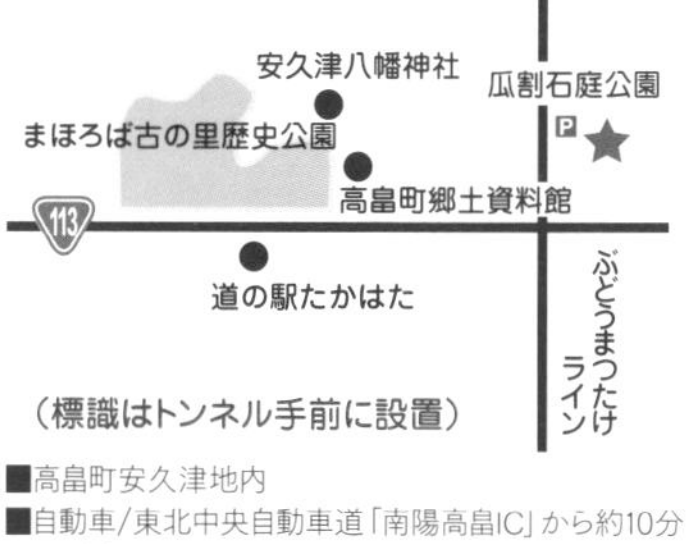

■高畠町安久津地内
■自動車/東北中央自動車道「南陽高畠IC」から約10分
JR高畠駅から約15分
※冬期間は積雪によりアクセスできません

HPリンク

ソメイヨシノやシダレザクラ、エドヒガンなど約千本の桜が咲き誇る

64

VP No.87

烏帽子山公園《えぼしやまこうえん》「千本桜」に始まる四季の移ろい

烏帽子山公園は、置賜地方を一望できる地にある千本桜で有名な公園です。日本最大級のエドヒガンの群生地として知られており、およそ4万坪の広大な敷地には、千本を超える桜が植えられており、日本のさくら名所100選の地に認定されています。

園内西側斜面には、全国より寄贈していただいた有名な桜の名木の二代目が植樹されている一角があり、「全国桜名木二代目園」と名付けられ、全国の著名な桜を鑑賞することができます。

この公園は烏帽子山八幡宮に隣接し、赤湯温泉がすぐ近くのため参拝者や温泉客でにぎわい、市民の憩いの場、散策路としても人気があります。春は満開の桜と新緑、夏は緑陰、秋は康寿橋付近のモミジで一面真っ赤に染まった風景を楽しめます。

康寿橋（こうじゅはし）とモミジは紅葉シーズン人気のフォトスポット

烏帽子山八幡宮

interview

“この景観にたずさわっているひとびと”

烏帽子山公園は、保存会だけでなく、地域全体で保全活動を行っています。4月、11月に行われるクリーン作戦には、市民1,000人超が参加し、おもてなしと奉仕の心を一つにして清掃活動を行います。

赤湯小の児童が参加する10月の施肥作業では、保存会会員から事前に烏帽子山公園の成り立ちや特徴などを説明した後、現地で子どもたちが桜の木に肥料を与えます。子どもたちには、大人になり桜の開花時期に、桜は元気に咲いているかな、と思い出してもらえたら嬉しいです。

今後も、これらの活動を絶やすことなく、地域全体で烏帽子山公園を守り続けていきたいです。

烏帽子山千本桜保存会
事務局長 平林 敏男 さん
連絡先 090-4047-3520

■南陽市赤湯1415（烏帽子山公園）
■鉄道／JR赤湯駅から徒歩で約20分
■自動車／東北中央自動車道「南陽高畠IC」から約5分
JR赤湯駅から車で約5分

HPリンク

ビューポイントからの眺め 鳥居越しからでも強く感じる大銀杏の存在

65

VP No.86

縁を結ぶ熊野大社《くまのたいしゃ》への参道と大銀杏の眺め

東北の伊勢とも称され、日本三熊野の一つに数えられる熊野大社。縁結びで有名な山形県内有数のパワースポットです。熊野大社の入り口には樹齢９００年を超えるといわれる大銀杏が堂々とそびえ立っています。落ち葉の時期には一面に黄色の絨毯を敷いた光景が広がり、晩秋の風物詩となっています。

荘厳な本殿もさることながら、本殿裏の「波にうさぎ」の彫刻も必見です。３羽の兎が隠し彫りされており、すべて見つけると願いが叶うという言い伝えがあります。最後の３羽目を人から聞いたり、教わるとご利益がなくなると言われておりますので、ご自身の力でお探しになってみてくださいね。

月に一度、満月の夜に開催される縁結びの祈願祭「月結び」では、満月の光と三匹の兎に導かれてご縁が結ばれるように、特別な縁結び祈願が行われます。

HPリンク

3匹見つけると幸せになると言われるうさぎの彫刻

熊野大社本殿

interview

“この景観にたずさわっているひとびと”

熊野大社には、県内最古の茅葺屋根建築である拝殿や樹齢900年を超える大銀杏など、歴史を物語る文化財が多くあります。一方で、神社は元々、地域のコミュニティや交流の場として、住民から親しまれてきました。まちづくり団体「わくわく」を中心として、神社境内でオープンしたicho caféも交流の場のひとつとなっています。

熊野大社においても、ふうりんの音色に癒される「縁結び祈願祭 かなで」や宮内小の児童が稚児舞を披露する例大祭など、様々な催し物を企画しておりますので、多くの皆さんにご参拝いただければと思います。

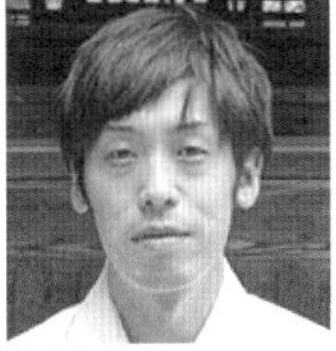

熊野大社 禰宜
北野 淑人 さん
連絡先 0238-47-7777

■南陽市宮内3476-1（熊野大社）
■自動車／東北中央自動車道「南陽高畠IC」から車で約15分
JR赤湯駅から車で約10分

苔むした石畳の参道
右手に見えるのは参道途中にある「鐘楼堂」と「十六羅漢」

66

VP No.45

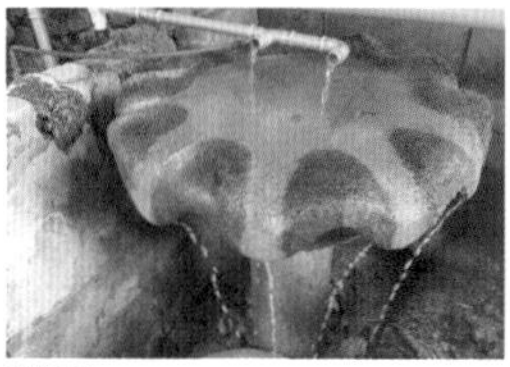

利根水

亀岡文殊堂

日本三文殊 亀岡文殊《かめおかもんじゅ》の知恵への参道石畳と杉並木

奈良県桜井市の安倍文殊院、京都府宮津市の切戸の文殊とともに、日本三文殊の一つに数えられる「亀岡文殊」。文殊菩薩が祀られており、「三人よれば文殊の知恵」といわれる様に学問の神様として知られています。そのことから入学試験や入社試験等の合格祈願に訪れる人が後を絶ちません。初詣では、合格祈願で県内外から多くの家族で賑わいます。文殊堂の裏側には「利根水（りこんすい）」と呼ばれる水が湧き出ており、飲めば文殊様の知恵を授かることができると昔から言われております。

古杉に囲まれた長い参道は、歴史を感じる石畳の階段が続き、途中には芭蕉の句碑、羅漢像などがあり、15分程、石段を登ると文殊堂へ辿り着きます。凛とした雰囲気に包まれた歴史ロマンが感じられるスポットです。

置賜

interview

“この景観にたずさわっているひとびと”

亀岡文殊は、松高山大聖寺の職員10名を中心に、訪れた皆さんに気持ちよく、安心して参拝いただけるよう日々樹木の手入れや冬の除雪等に取り組んでいます。

また、土日祝日は、高畠町の観光協会のボランティアガイドの方々が参拝客の皆さんに亀岡文殊の歴史や文化を伝える活動をしています。

日本三文殊の一つとして、これからも職員一同地道に環境整備に取り組んで参りますので、受験生の皆さん、是非、試験などの合格や学徳成就の祈願にご参拝いただければと思います。

松高山大聖寺事務長
青山 恵利 さん
連絡先 0238-52-0444

■高畠町亀岡4028-1
■自動車/東北中央自動車道
「南陽高畠IC」から約15分
JR高畠駅から約10分

HPリンク

まほろば古の里歴史公園から見る安久津八幡宮《あくつはちまんぐう》の荘厳なたたずまい 67

秋の景観　左側に建つのが安久津八幡宮の三重塔

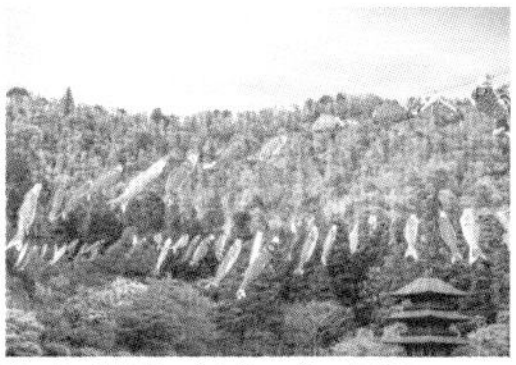

春には、桜と菜の花と鯉のぼりの景観を楽しむことができる

期間限定でのライトアップ

まほろばの里と呼ばれている高畠町は、縄文時代より先住民が生活をしてきた土地で、その生活を表す数多くの遺跡が発掘されています。まほろば古の里歴史公園は、縄文時代の生活空間の再現と縄文時代の景観を顧みることのできる施設です。園内の竪穴式住居や古墳は自由に入ることができ、古の人々の暮らしに触れることができます。散策しながら縄文時代より流れる歴史の風に触れてみてはいかがでしょうか。

公園から見える安久津八幡宮神社のシンボルである三重塔は、のどかな周囲の自然風景に溶け込み、美しい景観を作り出しています。

公園には「道の駅たかはた」が隣接しており、高畠町の農産物や加工品、お土産をお買い求めいただくことができます。

HPリンク

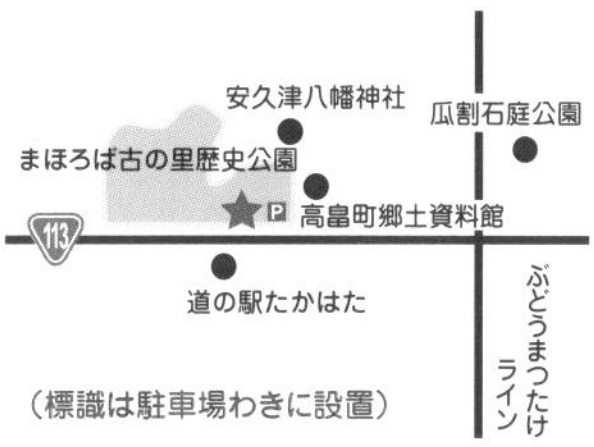

■高畠町安久津
■自動車／東北中央自動車道「南陽高畠IC」から約10分
JR高畠駅から約15分

VP No.46

竜神大橋《りゅうじんおおはし》から眺める「ながい百秋湖《ひゃくしゅうこ》」の四季の彩り 68

冬の百秋湖

断崖絶壁の秘境「三淵渓谷」

紅葉に包まれる百秋湖

竜神大橋は、ながい百秋湖をまたぐ巨大な鉄筋コンクリート造の橋で、橋直下の野川谷底からの高さは約110m、長さは約300mもあります。橋上の高さは長井ダムの堤高に近く、視界も360度に開けているため、ながい百秋湖を一望できる絶好のビューポイントです。

ながい百秋湖の上流部には、高さ50mを超える断崖絶壁の渓谷「三淵渓谷(みふちけいこく)」がそびえ立っており、渓谷に流れる野川は、大量の雨が降ると暴れ川となり水害をもたらしたことから、古くから三淵には竜神が棲むと信じられておりました。長井市で語り継がれてきた伝説「卯の花姫伝説」は、無念の思いで死を遂げた姫の魂が竜神になってしまうといったお話です。

長井市の伝統行事である「ながい黒獅子まつり」において使用される黒獅子舞は、蛇の様な長い体をしており、竜神が姿を変えたものだと言われています。

HPリンク

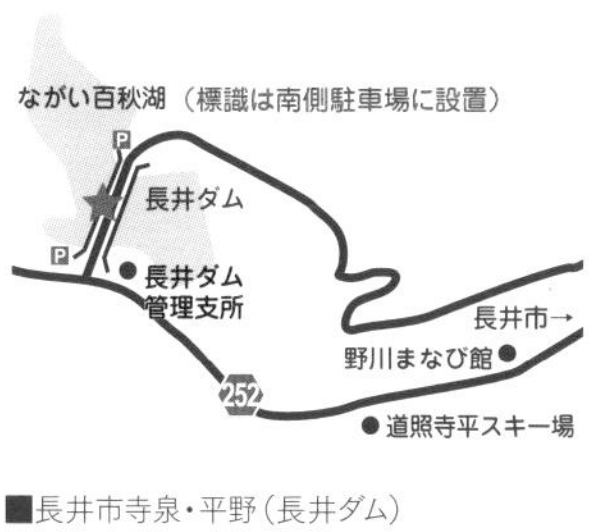

■長井市寺泉・平野（長井ダム）
■自動車／東北中央自動車道「南陽高畠IC」から約45分
フラワー長井線長井駅から約20分
JR米沢駅から約1時間
※長井ダム管理支所より先の県道は、冬期間閉鎖します

VP No.48

置賜

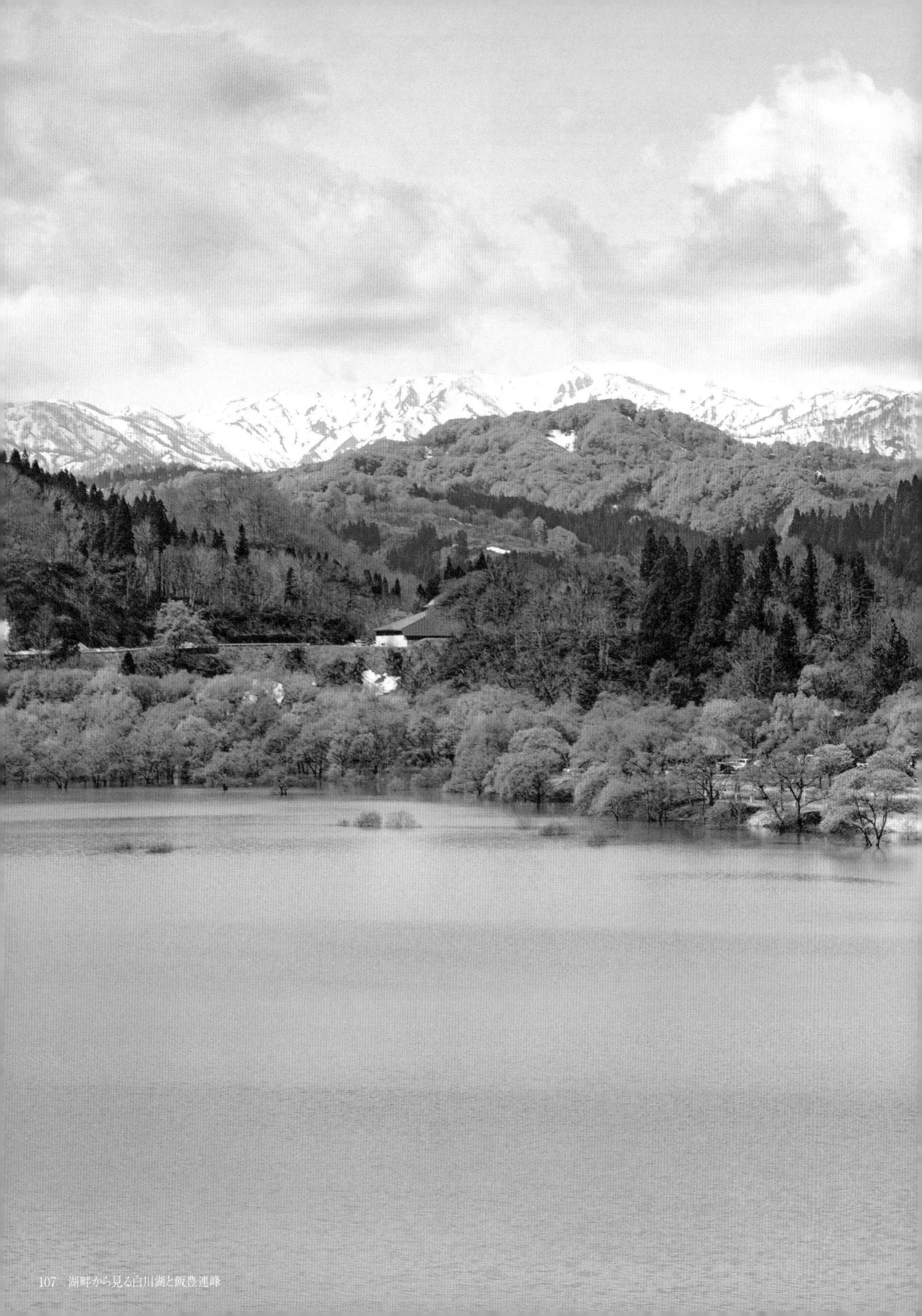

107　湖畔から見る白川湖と飯豊連峰

湖畔から見る 白川湖と飯豊連峰《いいでれんぽう》

白川湖と飯豊連峰

雪解けの水が流れ込みシロヤナギの木々の半身を埋める

この時期にしか見ることのできない景色をカヌーで体験

白川湖は、昭和56年に完成した白川ダムの貯水池です。この白川湖では、4月中旬から5月中旬までの約1ヶ月間、期間限定で「水没林」という春の雪解け時期だけに出現する珍しい光景を目にすることができます。

春先の雪解け水が白川湖に流れ込み、満水の時期を迎えると水位が上昇し、自生しているシロヤナギの半身が浸かり、シロヤナギがあたかも水の中から生えている様な光景が生まれます。この現象を水没林と呼び、水位が増した水没林の湖面をカヌーで巡る、「白川湖カヌーツアー」は大変な

69

白川湖の名物「水没林」 早朝は朝霧がかかり、より一層幻想的な光景となる

人気を博しております。天気が良い日の早朝は、霧に覆われることがあり、木々に朝露がかかると、まるで物語の一幕のような幻想的な風景を見ることができます。その他にもSUP体験、パークゴルフやキャンプ等を楽しむことが出来き、山形県源流の森では丸太やロープ等でつくられたアドベンチャーコースや陶芸、リースつくり等も併せて楽しむことが出来ます。

飯豊連峰(いいでれんぽう)は、福島・山形・新潟の三県にまたがって4000㌶にも及ぶ雄大な連山で、「東北のアルプス」とも呼ばれています。白川湖の湖畔からは、大きな水面を背に雄大な飯豊連峰を遠望できます。

HPリンク

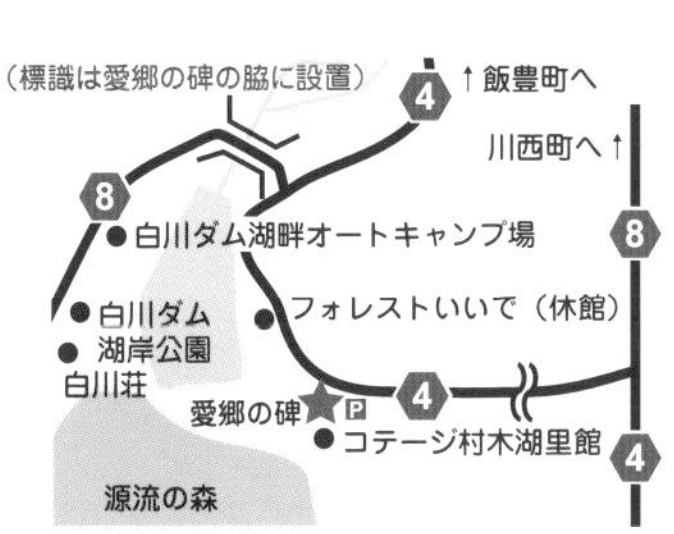

■飯豊町須郷
■自動車/東北中央自動車道「南陽高畠IC」から約1時間
JR羽前椿駅から約35分
※冬期間は積雪のためアクセスできません

美しき飯豊連峰の山々 左手に見える のは「孤高の一本桜」

70

VP No.22

小国町樽口峠《たるぐちとうげ》からの飯豊連峰の大パノラマ

樽口峠は、小国町の樽口(たるぐち)から小玉川(こたまがわ)を結ぶ峠のことで、雄大な山並みに囲まれた小国町の中でももっとも山深い場所です。樽口峠の頂上付近にある展望台は小国を代表するビューポイントで、飯豊連峰の雄大な山並みを一望できます。晴れた日には残雪の稜線が美しく青空に映えます。ここから望む大パノラマは、飯豊本山などの様々な山々を一望することができ、写真や絵画等の題材として親しまれ、毎年多くの方々が訪れています。

樽口峠の頂上付近の、残雪の中に咲く「孤高の一本桜」と呼ばれる桜も見どころです。種類は東北地方に多いオオヤマザクラで、まだ周囲に雪がたっぷり残る4月下旬から5月上旬頃に開花します。大変美しい光景ですが、残雪の影響で道路が通行不可能となっている場合がありますので、事前に交通状況の確認が必須です。

HPリンク

残雪の稜線がパノラマ状に広がる

interview

“この景観にたずさわっているひとびと”

私は、飯豊連峰の自然公園管理員、また、NPO法人飯豊朝日を愛する会会員などの立場から、飯豊連峰の保全活動に携わっています。

自然公園管理員として、皆さんが安全に登山を行えるよう、日ごろ危険箇所がないか、ゴミなどが落ちていないかパトロールをしています。危険箇所については、NPO法人飯豊朝日を愛する会で共有し、例えば、洗堀している場所に土のうや丸太を設置するなど、安全対策を講じています。

雄大な飯豊連峰の景観を守っていくため、NPO法人飯豊朝日を愛する会含め関係者の皆さんと引き続き、保全活動に取り組んでいきたいと思います。

自然公園管理員
舟山 真人 さん
連絡先 090-8805-7922

■小国町小玉川
■自動車／JR小国駅から約50分
米沢市内から約2時間
日本海沿岸自動車道
「荒川胎内IC」から約1時間30分
※冬期間から4月下旬まで、積雪のためのアクセスができません

71

市野々の秋空とブルーの水面に映える大銀杏

VP No.88

横川ダムに佇み思い出を抱える大イチョウ

西置賜郡を流れる荒川流域は、古くから大雨が降るたびに大洪水が発生し人々の暮らしを脅かし続けてきました。特に昭和42年に発生した「羽越水害」では、数多くの人命が失われ甚大な被害をもたらしました。そこで治水対策として建設されたのが「横川ダム」です。

横川ダムのほとりにある広場に、ひとつの大きなイチョウの木があります。この「大イチョウ」は、市野々集落の飛泉寺に植えられていたものであり、時代は飛泉寺開山の頃（応永34年）まで遡り、樹齢数百年に及ぶと言われております。ダム建設時、38戸の住居が水没する際にこのイチョウの木も伐採の対象となりましたが、地元住民の強い要望により広場へと移植され、今もなおその優美な姿を残しております。

渇水期の夏場にはダムの水位が下がり、イチョウが移植前に生育していた場所に設けたモニュメントが姿を現し、その軌跡をたどることができます。

HPリンク

渇水期に姿を見せるモニュメント

イチョウ広場

interview

“この景観にたずさわっているひとびと”

私は、市野々地区で暮らしていましたが、横川ダム建設に伴う移転でその後は小国町内に住んでいます。今でも、大イチョウの下を通って通学したことや登って遊んだこと、川でアユやカジカを捕まえたことなど、当時を思い出し、懐かしく感じます。

現在は、当時、市野々地区に住んでいた方々と市野々ふるさと会を結成し、小国町の依頼を受けながら、大イチョウを後世に残していけるよう環境美化に取り組んでいます。

なお、11月上旬頃は、山々の紅葉、満水のダム湖、黄色に色づいた大イチョウがとてもきれいですので、一度見に来てみてはいかがでしょうか。

市野々ふるさと会会員
高井 廣 さん

■小国町大字市野々（イチョウ広場）
■自動車／ JR小国駅から約20分

置賜

山形鉄道フラワー長井線と荒砥鉄橋

72

VP No.23

一世紀を超えても活躍を続ける 鉄道橋“荒砥鉄橋《あらとてっきょう》”と最上川

フラワー長井線最上川橋梁、通称荒砥鉄橋(あらとてっきょう)は、明治20年に東海道線に架設された橋梁を、大正12年に移設したものです。白鷹町を流れる最上川に架かるこの橋梁は、一世紀を超えても現役の鉄道橋として使用されており、歴史的にも構造的にも大変貴重な遺産です。JR左沢線の最上川橋梁と並んで双子の橋と呼ばれ親しまれています。あちらの橋の方が2年早く移設されたため、こちらは日本で2番目に古い橋となります。

最上川の悠久の流れの上に架かる荒砥鉄橋。そこを通過するフラワー長井線の姿は、どこか懐かしさを感じさせる情緒的な景観を生んでいます。

近隣の「白鷹ヤナ公園」では、白鷹町で盛んだったヤナ漁を行うヤナ場があり、その規模は日本最大級と言われております。毎年8月にヤナ漁が解禁され、間近で伝統的なヤナ漁を見学することができます。

HPリンク

ヤナ漁の様子

冬 濃霧の中を走るフラワー長井線

interview

“この景観にたずさわっているひとびと”

町の宝物の荒砥鉄橋は、桜、鉄橋、葉山(西山)の残雪がセットで見える時期、また、紅葉や夕焼けなど、季節や時間帯による景色の違いも見どころです。

荒砥鉄橋を走るフラワー長井線の利用者の多くは、近年は高校生であり、荒砥鉄橋やフラワー長井線の存続には、沿線の高校生の協力が不可欠です。

そのため、荒砥地区実行委員会で主催するフラワー長井線全線開通の100周年記念事業において荒砥高校生徒に協力いただくなど、今後も地域の方々や荒砥高校と協力し、様々な活動を行い、国から産業遺産と選定された日本最古の現役鉄橋を守っていければと考えています。

白鷹町芸術文化協会顧問
伊藤 久志 さん
連絡先 090-1069-5399

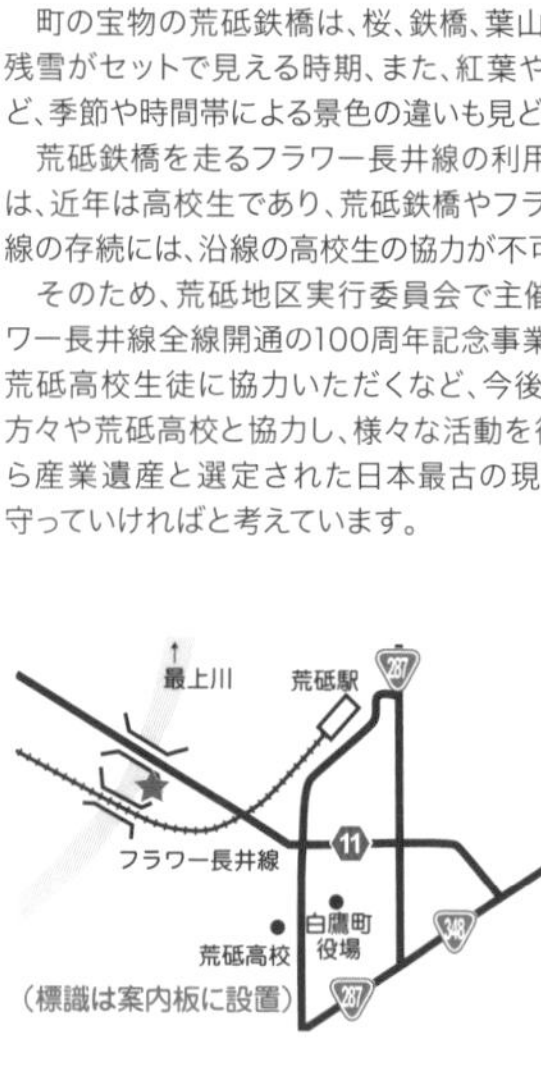

■白鷹町荒砥甲
■鉄道/フラワー長井線荒砥駅から徒歩約10分
■自動車/ 東北中央自動車道「南陽高畠IC」から約50分

国指定史跡下小松古墳群《しもこまつこふんぐん》から見る米沢盆地の眺め 73

下小松古墳群の前方後円墳

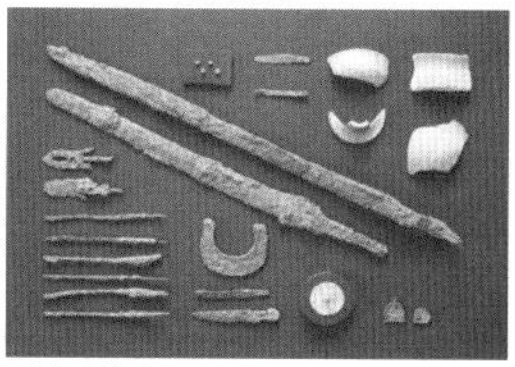

下小松古墳群から出土した出土品の数々

ビューポイントからは米沢盆地が一望できる

下小松古墳群は、川西町北西部に築かれた約200基からなる東北有数の大古墳群です。4世紀から6世紀にかけて造られた古墳群で、山形県内の半数以上の前方後円墳が集中しています。このうち179基もの古墳が国指定史跡となっており、古墳時代の東北の文化を示す重要な古墳群となっています。古墳からは、鉄の剣や鏃(やじり)などが出土しており、これらの出土品は、旧川西町立第二中学校を利活用した施設「川西町交流館あいぱる」にて観覧することができます。

古墳群は希少な動植物の生息地にもなっています。初夏の時期には、高山植物やヒメサユリ、日本最小のトンボであるハッチョウトンボ、県指定天然記念物である蝶チョウセンアカシジミなどに出会えます。古墳、植物、生き物、眺望といった多彩な魅力を楽しむことのできるスポットです。

HPリンク

(標識は駐車場に設置)

■川西町大字下小松
■自動車/東北中央自動車道「米沢中央IC」から車で約30分
JR犬川駅から車で約5分

VP No.58

天狗橋《てんぐばし》からエメラルドグリーンに輝く渓谷を望む 74

エメラルドグリーンに透き通る渓流

ブナの原生林が広がる温身平

天狗橋からは、エメラルドグリーンに透き通る渓流を眺めることができます。四季折々に移り変わる景観は、飽きることがなく、訪れるたびに思わず息をのんでしまうほどです。

天狗橋のある小国町は町域の95%が森林という自然豊かな町です。町を象徴するブナの木の幹と、雪のイメージから「白い森」と言われています。橋付近には「温身平(ぬくみだいら)」という森林が続いており、ブナやミズナラなどの原生的な木々が自生しています。森の中を自由に散策する森林浴は、精神を落ち着かせる効果があるとされ、全国初の森林セラピー基地として認定された場所です。その名の表す通り、なだらかで散策のしやすい森林ですので、体力に自信のない方でもお気軽にお楽しみいただけます。

HPリンク

(標識は飯豊山荘と梅花皮荘の入口に設置)

■小国町大字小玉川
■自動車/JR小国駅から約40分

VP No.89

75 どんでん平ゆり園展望台から見る 日本一の田園散居集落

飯豊町旧豊原地区に1200㌶にわたって広がる田園散居集落。広大な田園の中に家々が散居しており、風土に根差した独特の集落の成り立ちと、水田の四季折々に織りなす情景のコントラストは随一です。その景観の美しさから、「第1回美しい日本のむら景観コンテスト」で最高賞の農林水産大臣賞を受賞しています。飯豊町ではこの景観を未来に残したい景観資産として残していくため、「日本で最も美しい村」連合に加盟しています。

集落を囲んでこんもりと繁る屋敷林（やしきばやし）は冬期間にまともに受ける北西の風から家屋を守るための先人たちの生活の知恵です。

展望台の近くには、飯豊町が誇る東日本最大級のゆり園「いいでどんでん平ゆり園」があり、鉄砲ユリやスカシユリなどの多品種50万本のゆりが咲き誇ります。ゆりが見ごろを迎える6月中旬～7月中旬にかけては「ゆりまつり」が開催され、多くの人々で賑わいます。

置賜

VP No.24

■飯豊町大字萩生3341
（どんでん平ゆり園）
■自動車／どんでん平ゆり園まで
東北中央自動車道「南陽高畠IC」から約40分
JR羽前椿駅から約5分
どんでん平ゆり園南側の道路を登り5分

HPリンク

（標識は案内板に設置）

※冬期間は積雪のためアクセスできません

どんでん平ゆり園　ゆり園としての規模は東日本最大級

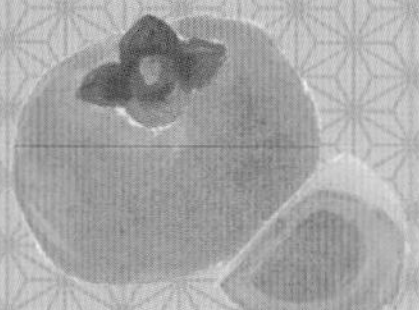

庄内エリア

Syonai

羽黒山五重塔
松ヶ岡開墾場
七ツ滝
鶴岡公園
月山高原展望台
創造の森
山居倉庫
八乙女浦白山島
大山公園
マリンパーク鼠ヶ関
日和山公園
酒田市美術館
玉簾の滝
飛島 鼻戸崎展望台
飛島 巨木の森
丸池様
眺海の森
風車群
アトク先生の館
胴腹滝
中山河川公園
鶴間池
永泉寺
十六羅漢岩
大平展望台

羅漢様たちの傍らに座って歌わせてもらった

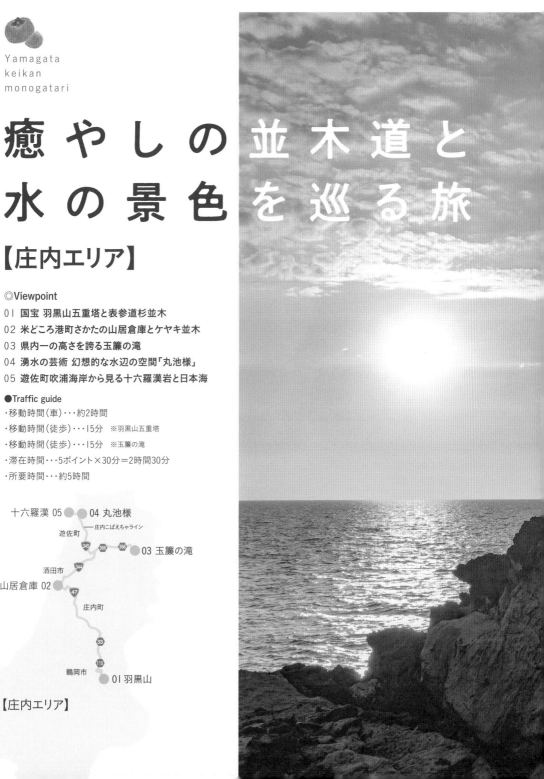

Yamagata
keikan
monogatari

癒やしの並木道と水の景色を巡る旅

【庄内エリア】

◎Viewpoint

01 国宝 羽黒山五重塔と表参道杉並木
02 米どころ港町さかたの山居倉庫とケヤキ並木
03 県内一の高さを誇る玉簾の滝
04 湧水の芸術 幻想的な水辺の空間「丸池様」
05 遊佐町吹浦海岸から見る十六羅漢岩と日本海

●Traffic guide

・移動時間(車)・・・約2時間
・移動時間(徒歩)・・・15分 ※羽黒山五重塔
・移動時間(徒歩)・・・15分 ※玉簾の滝
・滞在時間・・・5ポイント×30分＝2時間30分
・所要時間・・・約5時間

癒やしの並木道と水の景色を巡る旅

ケヤキ並木から溢れる木漏れ日が心地よい

五重塔を間近で見上げる

祓川に架かる祓川神橋

月山・羽黒山・湯殿山の三神が合祀される三神合祭殿

最上川の河口に米蔵が列なる

樹齢一千年といわれる特別天然記念物の「爺杉」

縁起物てんこ盛りの山車

橋を渡るそよ風が心地よい

蜂子皇子を祀る蜂子神社

参道の石階段は2,446段

国宝羽黒山五重塔と表参道杉並木

杉並木を眺めながら石階段を進む。参道に並ぶ神社にお参りする度に気力が湧いてくる。

朱塗りの祓川神橋を渡り五重塔へ向かう。爺杉は圧倒的な存在感を放っている。千年以上もの間、森と人々を守ってくれてるんだなぁ。

下から覗いた五重の塔はどこまでも細かく計算されたような作りでため息が出てしまう。

山頂の三神合祭殿は、全てを包み込んでくれるような安心感。「またここに来れますように」とお参りし、清々しい気持ちで石階段を降る。

米どころ港町さかたの山居倉庫とケヤキ並木

米蔵が列なる石畳の道を歩く。ケヤキ並木から溢れる木漏れ日が優しくて気持ちがいい。

最上川の河口はとても広くキラキラと水面が光っている。船着場を眺めていると船で物流していた頃のモノクロの映像が目に浮かぶようだ。

資料館にある民俗文化財の山車は、これでもかというほど縁起の良いものたちがてんこ盛りで、見ているだけで嬉しい気持ちになった。

県内一の高さを誇る玉簾の滝

すごい迫力！なんて豪快に落ちる滝なんだろう。風に煽られた滝しぶきを両手を広げて全身で浴る。心が洗い流されたような気がする。

樹々の隙間から陽が差し込み、滝の中に小さ

夕陽のスポットライトが当たる羅漢様たち

滝しぶきを浴びて心が洗い流されるような気がする

心のままの歌声が出てきて自分でもびっくり

滝の中に小さな虹がかかる

愛嬌ある顔立ちの狛犬の親子

日本海に沈む夕日を見届けた

幻想的な世界に迷い込んでしまったみたい

「丸池様」は、池そのものが御神体として崇められてきた

な虹がかかる。自然が創り出す奇跡に出会い、思わず時を忘れて見入ってしまった。

滝の前に鎮座する御嶽神社には、苔むした狛犬の親子が佇んでいる。個性的で愛嬌のある顔立ちが笑みを誘う。

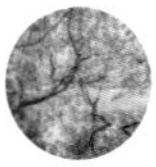

湧水の芸術
幻想的な水辺の空間「丸池様」

こんなに澄んだエメラルドグリーンの池は見たことがない。池の周りの樹々が澄んだ水鏡に映し出され、まるで夢の中にいるみたい。

牛渡川沿いの林を歩いて行くと、水面に霧がかかっている。なんて神々しい景色なんだろう。

幻想的な世界に迷い込んでしまった私は、「そうだ、この景色を曲にしよう！」と思いたった。

感動のため息とともに美しく幻想的なメロディーが生まれてきた。

遊佐町吹浦海岸から見る
十六羅漢岩と日本海

海岸の岩礁に刻まれている羅漢様たちに夕陽のスポットライトが当たり、その威厳さに心が掴まれてしまった。

近寄りがたい気がしたのに、傍らに座って歌わせてもらったら、今までで一番まっすぐな、心のままの歌声が出てきて自分でもびっくり。

日本海の夕陽は本当にきれい。

素敵な景色を振り返りながら夕陽が海に沈むのを見届けたら、「また明日も頑張ろう！」って自分自身に呟いていた。

立ち寄りどころ

【庄内エリア】

羽黒山参籠所 斎館
神秘的な空間で
歴史ある精進料理を。

山頂近くの参籠所で松尾芭蕉をもてなしたとも言われる精進料理を提供しています。出羽三山でとれる旬の山菜や筍を素材に使用しています。 〒997-0211 鶴岡市羽黒町手向羽黒山33 ☎0235-62-2357 HP:dewasanzan.jp/publics/index/64

芳香亭
山形の"今"を
銘酒と共に。

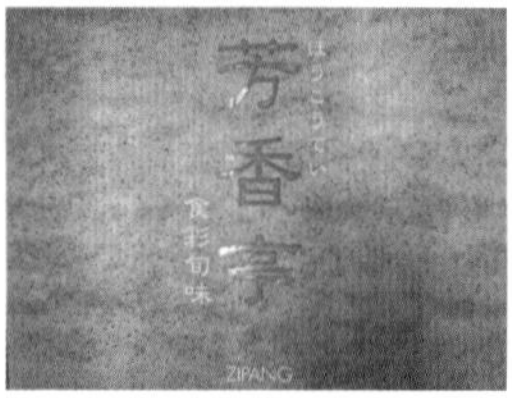

山居倉庫にある観光物産館「酒田夢の倶楽」の中にあるレストランです。季節ごとの海の幸、里の幸を使った料理をお酒と共に楽しめます。 〒998-0838 酒田市山居町1-1-20 ☎0234-21-1036 HP:sakata-kamezaki.jp/houkoutei/

二の坂茶屋
絶品の甘味と景色は
坂をのぼりきったご褒美。

羽黒山表参道の石段の二の坂を登り切った先にあるお茶屋さん。杵つきの力餅やお抹茶と眼下に広がる庄内平野の景色が疲れを癒してくれます。 〒997-0211 鶴岡市羽黒町手向羽黒山33 ☎0235-62-4287

Restaurant Nico

ここでしか味わえない
特別なフレンチを。

酒田のフレンチといえばこちらのお店。こだわりのお皿に丁寧に調理された地元食材が美しく盛り付けられ、美味しく召し上がることができます。　〒998-0842 酒田市亀ケ崎3丁目7-2　☎0234-28-9777　HP：nico-sakata.com

古民家カフェ わだや

遊佐の恵みを
口いっぱいにほおばって。

看板メニューの「おやき」は遊佐の豊富な食材たちがもちもちの生地で包まれていて、お子様からご年配の方まで幅広い層の方々が楽しめます。　〒999-8302 飽海郡遊佐町吉出字和田3-5　☎0234-31-8650　HP：wadaya.storeinfo.jp

遊佐カレー 遊佐駅本店

鳥海山の恵みをいただく
遊佐の一皿。

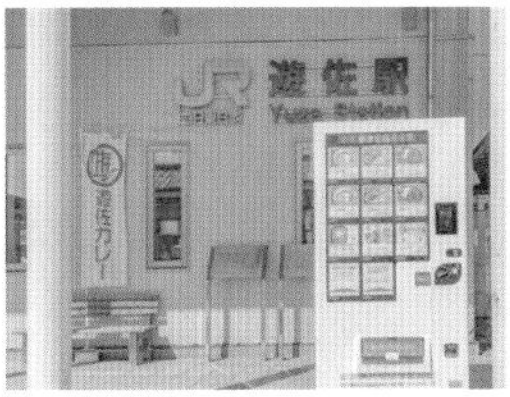

甘口だけれどスパイシーな遊佐カレーは具材を後からトッピングするのが特徴。遊佐の米と野菜をより美味しく食べることができます。　〒999-8301 飽海郡遊佐町遊佐石田19-18 JR遊佐駅1F　☎090-6683-8530　HP：yuza-curry.com

国宝羽黒山五重塔《はぐろさんごじゅうのとう》と表参道杉並木

五重塔付近にある「爺杉」 推定樹齢は1000年を超えると言われている

interview

“この景観にたずさわっているひとびと”

羽黒山は、五重塔（国宝）のほか、三神合祭殿及び鐘楼（重要文化財）、杉並木（特別天然記念物）など歴史の宝庫です。五重塔を守るため、県内の寺社では珍しい防災設備や防犯カメラも備えられています。また、保全活動として、手向地区の住民による環境整備、羽黒高校生徒による杉並木を守っていくための取り組み、羽黒小児童の清掃活動など、地域の皆さんからも支えていただきながら、今日まで歴史や文化を継承しています。

今後も、地域の皆さんの協力のもと、安心して参拝いただけるよう環境整備に取り組んで参ります。

出羽三山神社森林技監
伊藤 信（まこと）さん
連絡先 0235-62-2355

日本列島においては古くから、山や川、動物などを神そのものと捉え、山を神々が宿る神聖な場所であると崇拝する山岳信仰が行われてきました。そこへ神道や仏教、道教などが合わさり「修験道（しゅげんどう）」が確立されました。古来より修験道の修行者である山伏（やまぶし）は、霊山である出羽三山にて修行を行い、信仰を深めてきました。現在も、山伏修行体験を行うために全国から人々が集まり、修行の一端を体感しています。

出羽三山は、山形県の中央に

76

国宝「五重塔」 東北地方最古の塔とされ、辺りは神聖な空気が漂う

庄内

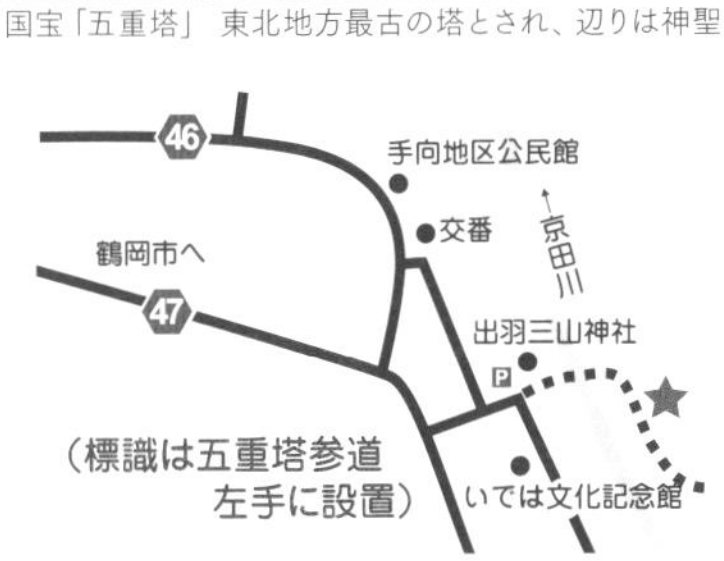

■鶴岡市羽黒町手向
■自動車／山形自動車道「鶴岡IC」から約30分
「庄内あさひIC」から約25分、JR鶴岡駅から約25分、庄内空港から約40分
■バス／鶴岡市から「羽黒山頂」行きで約50分
終点または随神門下車

そびえる月山、羽黒山、湯殿山の総称で、6世紀に開山されたといわれています。その羽黒山の麓に立つのが、羽黒山五重塔です。東北地方では最古の塔といわれ、昭和41年には国宝に指定されています。その姿は、神々しく静閑であり圧倒されます。五重塔へ続く表参道の両側には、樹齢３５０～５００年の杉並木が続き、清々しさに満ち溢れています。その数は４００本以上で国の天然記念物に指定されています。

近隣の「いでは文化記念館」では出羽三山の歴史と文化をわかりやすく学ぶことができます。歴史深い出羽三山の文化に触れてみてはいかがでしょうか。

HPリンク

松ヶ岡開墾場 ここから鶴岡のシルク産業が始まった

77

VP No.49

日本最大の蚕室群「松ヶ岡開墾場《まつがおかかいこんじょう》」
～庄内藩士の開拓精神とジャパン侍シルクの源流

松ヶ岡開墾場（まつがおかかいこんじょう）は、明治維新の後、庄内藩士たちが刀を鍬（くわ）に持ち替えて切り開いた大規模な開拓の場です。かつて庄内藩は戊辰戦争に敗れ、賊軍と呼ばれる汚名を着せられたといいます。賊名は武士にとって最大の恥ずべきことであったことから、当時先端産業だった蚕糸業を興し、社会の模範となって地域（国）の活性化と発展に貢献して汚名返上を試みました。その思いから、荒野を切り拓き広大な桑畑を作り、国内最大の蚕室群を建設しました。これが鶴岡のシルク産業の原点となっています。現在5棟の大蚕室が現存しており、1棟が改修され、松ヶ岡開墾記念館となっています。そのほかにも施設内では、シルクの体験施設やクラフト製品を扱うショップや飲食店などがあり、歴史ある景観の中で様々お楽しみいただけるスポットとなっています。

HPリンク

開墾当初の光景 たくましい庄内藩士達

松ヶ岡開墾記念館

interview

“この景観にたずさわっているひとびと”

弊社では、松ヶ岡開墾場のテナントのうち、三番蚕室、一翠苑直売所ひょうたん、インフォメーションセンターの運営のほか、松ヶ岡開墾場の歴史や文化をお伝えしています。

ここ数年、シルクミライ館やPINO COLLINA松ヶ岡のワイナリーのオープンにより、お客様から、改めて松ヶ岡開墾場の歴史や文化に注目いただく機会が増えたように感じます。

また、桜の時期には、開墾50周年を記念して植樹された桜が、100年の時を経て見事に咲き誇りますので、是非現地でお楽しみいただければと思います。

松ヶ岡産業株式会社
常務取締役 企画部長
清野 忠 さん
連絡先 0235-64-1331

■鶴岡市羽黒町松ヶ岡
■自動車／山形自動車道
「鶴岡IC」から約25分
「庄内あさひIC」から約20分
JR鶴岡駅から約20分
庄内空港から約30分

紅葉の中を流れる七ツ滝

78

VP No.50

出羽の古道
六十里越街道《ろくじゅうりごえかいどう》から見る七ツ滝《ななつだき》

鶴岡市から湯殿山を通り、山形市へと続く「六十里越街道(ろくじゅうりごえかいどう)」は、出羽三山への信仰の道と言われ庄内藩主の参勤交代路としても利用されていた古道です。一説では、「出羽国」が設置されたときに役所を結ぶ官道として開かれたとも言われています。最盛となる江戸時代には「お山詣り」と共に繁栄し、魚介類や、ろうそく、煙草などが運ばれる街道沿いの宿場も大変に栄えたといいます。

街道沿いにある七ツ滝公園からは「七ツ滝」と呼ばれる滝の全景を望むことができます。高さ90ｍの幾本もの流れの筋が、やがて一本の流れとなって滝壺に落ちるという特徴的な滝で、新緑や紅葉の中を下るその姿は圧巻です。七ツ滝の下流には、多層民家の里・田麦俣集落(たむぎまたしゅうらく)があり、田麦俣地域の伝統的な建造物を見学することができます。

紅葉と田麦俣集落

伝統的建築の田麦俣集落

interview

“この景観にたずさわっているひとびと”

日本の滝百選である七ツ滝は、春の若葉、秋の紅葉の時期が見ごろです。

七ツ滝を安全にご覧いただけるよう、田麦俣地区の皆さんと七ツ滝公園の環境整備に取り組んでいますが、世帯数の減少や高齢化もあり、保全活動が年々難しくなってきています。

現在、私の子どもたちが田麦俣の歴史と伝統、美しい景観を未来へ残すための活動のひとつとして、田麦俣地区のキャンプ場整備に取り組んでいます。

私たち田麦俣地区の住民も、七ツ滝や田麦俣に、より多くの皆さんに訪れていただけるよう環境整備に取り組んでいきたいです。

田麦俣観光協会代表
渋谷 一志 さん
連絡先 090-2367-8467

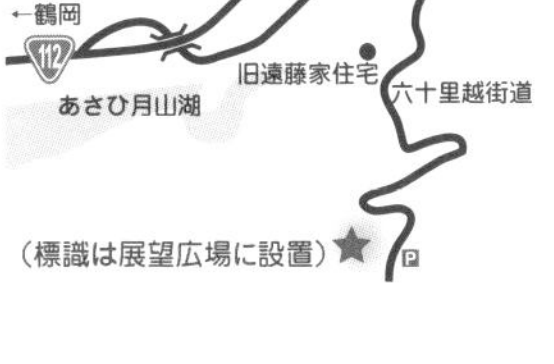

■鶴岡市田麦俣
■自動車／山形自動車道
「湯殿山IC」から約10分
JR鶴岡駅から約30分
庄内空港から約40分
※冬期間から4月下旬までは、積雪によりアクセスできません

HPリンク

庄内

お堀に映る桜並木　奥には致道博物館と金峯山が見える

79

VP No.90

鶴岡公園の桜と致道博物館《ちどうはくぶつかん》と金峯山《きんぼうざん》の眺め

鶴岡公園は庄内藩主の居城「鶴ヶ岡城」が公園となったもので、濠（ほり）や石垣など、城跡の面影を色濃く残しています。桜の名所であり、開花時期はお堀に映る桜の木々や、水面に散った桜の花びらが華やかな景観を作り出します。園内には大きな藤の花や菖蒲園があり、遊歩道を歩きながらの鑑賞もオススメです。

公園西隣には、庄内藩主の御用屋敷を博物館として公開している「致道博物館（ちどうはくぶつかん）」があり、貴重な歴史的建築物を鑑賞できます。

鶴岡市は都市計画の一環として「山あて」をまちづくりに取り入れています。山あては、街路や水路を周辺の山々に向けて配置する設計技法のひとつで、景観に周辺の山々を取り入れたまちづくりがなされています。ビューポイントからは、致道博物館と金峯山とお堀の桜を同時に見ることができ、ここにしかない美しい景観となっています。

HPリンク

致道博物館

「大寶館（たいほうかん）」

interview

“この景観にたずさわっているひとびと”

鶴岡公園は、もとの鶴ケ岡城址で大宝寺城とも称され、藩主の居城として造られたもので、明治維新の後、明治８年鶴ヶ岡城を解体して公園に改めたものです。

桜は、明治39年に日露戦争の戦勝を記念してニノ丸跡地及び濠の両岸に多数植えられたのが始まりとされ、平成２年に財団法人日本桜の会より、「さくら名所100選」に選定されました。

本丸西側の外堀は南側を金峯山、北側を鳥海山の結んだ線上にあり、４月は外堀両側に満開の桜、右手に致道博物館、正面には金峯山という計算された城の設計により、素晴らしい景色とともに、先人の知恵を感じ取ることができます。

鶴岡市建設部都市計画課公園緑地係
亀井 博行 さん
連絡先 0235-35-1332

（標識は二の丸西側中央の入口の濠沿いに設置）

■鶴岡市馬場町（鶴岡公園）
■自動車／山形自動車道「鶴岡IC」から約10分
■バス／JR鶴岡駅からバスで約12分

月山高原展望台《がっさんこうげんてんぼうだい》の天の川と 庄内平野・鳥海山の眺め 80

パノラマ状に天の川が広がる

月山高原牧場

遮るものがなく澄んだ天の川

雄大な約100㌶の緑の絨毯が広がる月山高原牧場の中にある広場です。牧場内の展望台からは、晴れた日は月山、羽黒山、庄内平野、その先の日本海を大パノラマで一望することができます。自然のエネルギーを体いっぱいに浴びることのできる壮大なスポットです。

月山高原牧場では、春から秋までの季節を放牧して育てる夏山冬里方式を取り入れており、毎年5月中旬から10月下旬にかけて、約170頭の牛や羊が放牧されます。期間中は牛や羊がゆっくり草を食べる姿をご覧いただけます。

HPリンク

また、高原一面に咲き誇る、ひまわり畑も見どころです。約100万本ものひまわり畑の中を自由に散策することができるため、カップルやご夫婦、家族連れにもおすすめです。

■鶴岡市羽黒町川代
（月山高原ハーモニーパーク／月山高原展望台）
■自動車／日本海沿岸東北自動車道
「庄内あさひIC」から約30分
JR鶴岡駅から車で約30分

VP No.91

創造の森からの 庄内平野の眺め 81

長閑な景色の中に庄内平野を一望することができる

創造の森交流館 内観

創造の森交流館 外観

緑に囲まれた海抜200mのテラスからは、庄内平野を一望でき、晴れた日には鳥海山や日本海に浮かぶ飛島も眺めることができます。四季の美しい庄内の表情を大パノラマで楽しむことができます。将来の世代に引き継いでいく良好な眺めとして、平成22年に、県の眺望景観資産第1号の指定をうけている場所です。

展望台に隣接する「創造の森交流館」は、人と人との交流学習の場としてつくられた地域間交流研究施設です。施設では、星空観察会やスキーハイキング、野草探索など一年を通して里山を活用した多彩なイベントを開催しています。

近隣には、出羽三山神社がありますので併せてご覧になってみてはいかがでしょうか。

HPリンク

■鶴岡市羽黒町川代字向山628
（創造の森交流館）
■自動車／日本海沿岸東北自動車道
「庄内あさひIC」から約15分
JR鶴岡駅から約35分

VP No.93

米どころ港町さかたの山居倉庫《さんきょそうこ》とケヤキ並木

晩秋の景色 ケヤキ並木は例年10月下旬から11月上旬にかけて色づく

冬 山居橋から見た景色

米どころ庄内のシンボル山居倉庫は、明治26年に旧藩主酒井家によって建てられた米保管庫です。舟による積荷に便利な立地には、12棟の木造の倉庫を連ねた美しい建物が建ち並びます。二重屋根やケヤキ並木、天窓や換気窓の配置など、自然を利用した低温倉庫は、先人たちの知恵の結晶といえます。白壁、土蔵づくりの倉庫の収容能力はなんと10800トン(18万俵)にも及びます。12棟からなる倉庫群のうち、9棟は2022年まで農業倉庫として使用されていました。

interview

“この景観にたずさわっているひとびと”

山居倉庫とケヤキ並木の景観を守るため、物産協会のスタッフをはじめ、地元企業にも協力いただき、日々周囲の美化に取り組んでいます。

山居倉庫は、令和3年3月26日に国史跡に指定され、貴重な文化財として、今後は保存・活用されていくことになるでしょう。

また、歴史的価値はもちろんですが、四季折々、朝晩で表情を変え、見る人々を魅了しています。家族写真や七五三、入学、卒業等の記念写真を撮る方もたくさんいらっしゃいます。

酒田市の観光の拠点として、多くの皆さまのお越しを心より、お待ちしております。

一般社団法人
酒田観光物産協会事務局長
小松 広幸 さん
連絡先 0234-24-2233

82

歴史ある倉庫群が立ち並ぶ山居倉庫　川岸に植えられたケヤキ並木は夏の暑さを防ぎ、自然の力を活かした低温倉庫として活躍していた

　敷地内は奥まで倉庫が続き、全体をノスタルジックな雰囲気が包みます。山居倉庫前には新井田川が流れており、その上に架かる山居橋は、酒田市街地方面と山居倉庫エリアを結ぶ歩道橋で、旧木橋を再現した造りが倉庫群とマッチします。新井田川岸には、日本海からの強風と、夏の暑い日差しから倉庫を守るために植えられたという樹齢１５０年以上のケヤキが連なります。ケヤキ並木の色合いは、季節とともに変わり見る人々を魅了します。

　明治時代にタイムスリップしたかのような景観は度々映画のロケ地とされ、ＮＨＫ朝の連続テレビ小説「おしん」の舞台となったことで有名です。

HPリンク

■酒田市山居町1-1-20

■自動車/日本海沿岸東北自動車道「酒田IC」から約15分
JR酒田駅から約5分、庄内空港から約20分

八乙女伝説の残る八乙女浦

83

VP No.92

八乙女浦《やおとめうら》の伝説と黄昏の白山島《はくさんじま》

日本の渚１００選にも選ばれている「由良海岸（ゆらかいがん）」。由良海岸のシンボルでもある白山島は、３０００万年前の火山噴火で出来たといわれており、砂丘から島まで１７７ｍの赤い橋が架けられています。その景観から「東北の江ノ島」と呼ばれています。

八乙女浦（やおとめうら）には古くから伝わる伝説が残されています。今より１４００年前、出羽三山の開祖と言われる蜂子皇子（はちこのおうじ）が追手を逃れ、丹後国の由良（京都府）から海路北へ向かい、この地にさしかかったとき、岩の上で八人の美しい乙女が笛を吹き舞いながら皇子を招きいれたと伝わっています。この八人の乙女が躍ったところを八乙女浦と呼び、丹後の由良から出航した皇子が上陸したことから「由良」と名付けられました。八乙女浦の洞窟は羽黒山頂の神の井戸とつながっており、皇子は３本足の烏（からす）に導かれて赴いたと言う伝説も残っています。

HPリンク

白山島にある「白岩大神」

白山島　赤い橋が目印

interview

“この景観にたずさわっているひとびと”

ふれあい広場のほか、旅館益美荘付近の展望スペース、八乙女ホテル付近から眺める白山島と夕日はとても素晴らしい景色です。ふれあい広場は、駐車してすぐ目の前に磯場があって、白山島が見えますので気軽に景色を楽しめます。

由良海岸をきれいに保つために、地域住民のほか、多くの企業や団体の皆さんが清掃活動を行ってくださり大変助かっています。また、近隣の小学生は、授業で白山島から白岩まで遠泳を行う伝統があり、海に親しむとともに、心と身体を鍛えています。皆さんも由良海岸で遊び、白山島の夕日で癒され、リフレッシュいただければと思います。

鶴岡市由良自治会会長
榊原 賢一 さん
連絡先 0235-73-2905

（標識は由良海岸駐車場の東屋内に設置）

■鶴岡市由良（由良海水浴場）
■自動車／日本海沿岸東北自動車道「鶴岡西IC」から約15分
■バス／JR鶴岡駅からバスで約50分

園内の上池・下池はラムサール条約に指定されている貴重な湿地

84

VP No.94

大山公園 尾浦八景《おうらはっけい》からの 庄内平野をとりまく山々の眺め

鶴岡市大山地区にある大山公園は、戦国大名武藤氏の居城であった尾浦城跡を公園として整備したところです。園内には城跡が残り、歴史を感じさせる趣があります。かつての人々は、この場所で眺めの良い所から歌を詠み残しており、それらは「尾浦八景」と呼ばれ、それぞれの場所に石碑が建てられ、歌が紹介されています。

この大山公園は昭和の始めころ、酒造家 加藤嘉八郎有邦氏が、地域の憩いの場となるよう私財を投じて8年間の歳月をかけて築造しました。時の流れから荒廃し眺望が失われていたものを、地元の有志からなる大山公園再生協議会が再生させ、現在は当時の素晴らしい景観が取り戻されました。

桜の名所としても知られ、開花時期には公園一帯が桜色に染まります。毎年4月には桜まつりが開催され、多くの人々で賑わいます。

HPリンク

加藤嘉八郎有邦像

展望台からの眺め

interview

“この景観にたずさわっているひとびと”

大山地区では、平成20年に公園再生を目指し、大山公園再生協議会を発足しました。大山公園は、住民にとってオアシスであり、シンボルでもあります。その気持ちが地域全体に根付いており、広大な公園の雑木の伐採、桜の手入れや植樹などの保全活動は、一部の人だけではなく、地域全体で取り組んでいます。

その甲斐あって、環境美化団体として、平成29年に緑綬褒章を受章したほか、複数の賞を受賞させていただきました。今後もいただいた賞に恥じぬよう地域全体で大山公園を守り続けていきます。

鶴岡市大山自治会会長
櫻井 修治 さん
連絡先 0235-33-3214

（標識は旭壺の東屋内に設置）

■鶴岡市大山（大山公園）
■自動車／山形自動車道「鶴岡IC」から約15分
日本海沿岸東北自動車道「鶴岡西IC」から約20分
■バス／JR鶴岡駅から湯野浜温泉行（善宝寺経由）大山公園口で降車

85 マリンパークねずがせきから見る 夕暮れの日本海と弁天島の眺め

鼠ヶ関（ねずがせき）は、鶴岡市南西部に位置し、新潟県村上市との県境に面している地域です。全国的にも珍しい市街地の中に引かれている県境があり、県境には県境碑が建立されています。

この鼠ヶ関は、義経と弁慶を舞台とした歌舞伎の演目「勧進帳（かんじんちょう）」の舞台になった場所といわれています。勧進帳は、加賀（石川県）の関にて、弁慶が勧進帳を読み上げるも、看守の冨樫左衛門により見破られ、弁慶はとっさに義経を何度も叩き、看守の同情によって関を通過出来たという内容ですが、鼠ヶ関に伝わる義経伝説では、この鼠ヶ関での出来事と残されています。

鼠ヶ関のシンボルともいえる「弁天島」は、かつては離れ小島であったといいます。現在は遊歩道が整備され、灯台まで気軽に散策することが可能です。この灯台は「恋する灯台」に認定されており、ビューポイントから眺める夕日はロマンチックな景観です。

VP No.27

■鶴岡市鼠ヶ関
■鉄道／JR鼠ヶ関駅から徒歩約5分
■自動車／ 日本海沿岸東北自動車道
「あつみ温泉IC」から約20分
「朝日まほろばIC」から約1時間10分
庄内空港から約40分、JR鶴岡駅から約40分

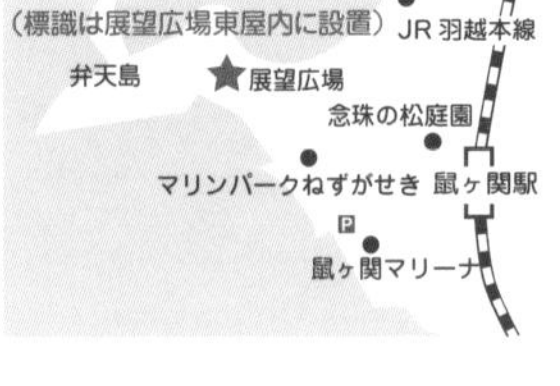

HPリンク

interview

“この景観にたずさわっているひとびと”

東屋から見る景勝弁天島、恋する灯台と日本海の夕暮れは本当に絶景で、心が癒されます。

また、マリンパークねずがせきは、誰もがともに楽しめる海岸づくりを願いスロープが設置されていることから、車いすやベビーカーでも訪れていただくことができます。

バリアフリービーチイベントなども開催され、様々なマリンアクティビティを楽しめます。

地域住民で清掃活動を行い環境整備にも取り組んでいますので、ビーチでたくさん遊び、マリンパークねずがせきから見る夕暮れに心癒されていただければと思います。

鶴岡市鼠ヶ関自治会会長
五十嵐 伊都夫 さん
連絡先 0235-44-2112

港町さかた 日和山公園《ひよりやまこうえん》から見る日本海の眺望 86

日本海に沈む夕日と日本最古の木造灯台といわれる木造六角灯台

木造和船を再現した千石船

日本最古の方角石

酒田港を見下ろすこの日和見山公園は、灯台越しに酒田港、最上川河口を一望でき、「日本の夕陽百選」にも選ばれた日本海に沈む夕陽を見ることができます。園内には、日本最古の木造灯台といわれる「木造六角灯台」や、かつて船頭たちが日和や風の方角を確かめるときに使用したとされる「方角石」（現存する方角石としては日本最古のもの）、木造和船を二分の一スケールで再現した「千石船」など、港の繁栄を物語る文化遺産などが点在しています。

また、酒田を訪れた松尾芭蕉や竹久夢二をはじめとする偉人たちの作品を文学碑にした「文学の散歩道」も整備されており日和山公園は「日本の都市公園百選」にも選ばれています。桜の名所としても有名です。

HPリンク

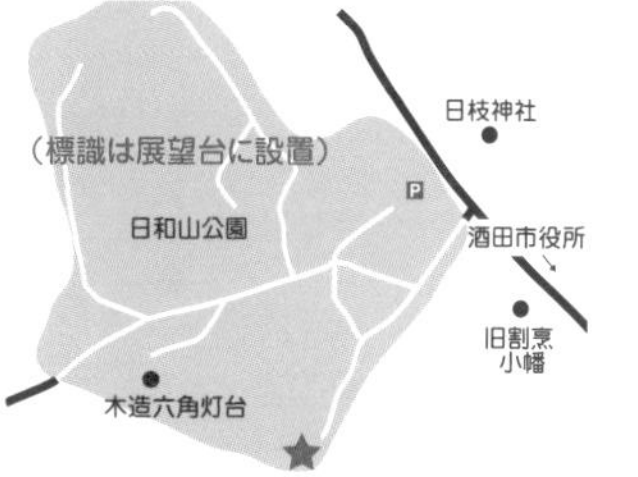

■酒田市南新町
■自動車/日本海沿岸東北自動車道
「酒田IC」から約15分
JR酒田駅から約5分、庄内空港から約30分

VP No.28

酒田市美術館庭園から望む名峰鳥海山 87

彫刻家・安田侃氏の作品「翔生（しょうせい）」 背には名峰鳥海山

周囲は緑に囲まれ穏やかな時が流れる

酒田市美術館は、市街地を一望できる小高い丘の上にゆったりと立つ景観を生かした美術館です。優れた作品を常設展時するほか、年6回ほど特別展示を行なっています。

中庭は芝生の鮮やかな緑色と、彫刻家・安田侃氏の作品「翔生」の白い大理石とのコントラストが晴れ晴れしく映ります。またその背景に広がる、出羽三山や鳥海山、どこまでも続く空に心奪われます。「翔生」を介して館内に庄内平野の風景を引き込ませ、その風景までもが美術館の一部であるかのように建築家・池原義郎が設計した特別な空間です。

館内の市民ギャラリーでは、地域の子どもたちの作品展や、酒田市民芸術展など身近な展示も行なっており、地域に根ざした芸術文化に触れることができます。

HPリンク

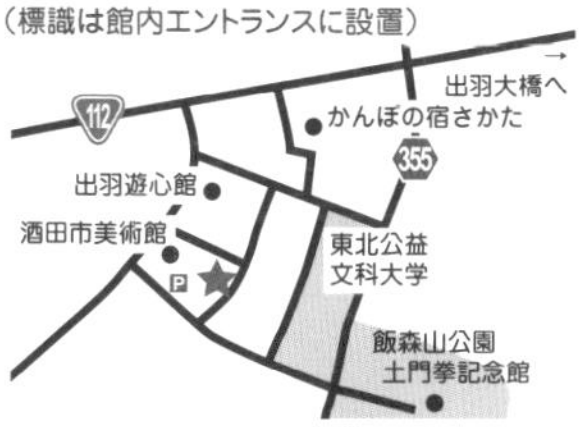

■酒田市飯森山3-17-95
■バス/酒田駅からるんるんバスで
「出羽遊心館・美術館」下車
■自動車/日本海沿岸東北自動車道
「酒田IC」から約10分
JR酒田駅から約10分、庄内空港から約10分

VP No.51

135　県内一の高さを誇る 玉簾の滝

県内一の高さを誇る
玉簾《たますだれ》の滝

紅葉の玉簾の滝

御嶽神社の手水鉢 湧水を引き手水として利用している

interview

“この景観にたずさわっているひとびと”

滝の里活性化推進委員会では、滝のライトアップ、広大な緑地・参道の草刈りや樹木の剪定などに汗を流し、手水舎の花筏などの美化活動も含めて、景観維持や保全活動をしています。

これらの活動は、自治会、御嶽神社役員、老人クラブ、地元建設会社が主体となり継続しています。

鳥居をくぐり広がる緑地境内が手入れされていることを感じ、社殿の先の瀑布に感動される皆さんだからこそ、マナーを守って玉簾の滝に親しんでいただいていると思い、感謝しています。

これからも地域一丸となって、荘厳な自然美の景観を守り続けていきます。

滝の里活性化推進委員会顧問
池田 善幸 さん
連絡先 090-3981-7094

およそ1200年前、弘法大師が神のお告げにより発見し、命名されたと言われる山形県でも1番の高さ（落差63m）を誇る滝です。滝の中腹には岩穴があり、そこを神座として弘法大師が不動明王を祀ったとされており、神座の前を落ちていく水の玉が簾（すだれ）の様であったことが命名の起源と言われています。かつては山岳信仰の修行の場であり、滝の前には「御嶽神社（みたけじんじゃ）」が祀られています。周辺は苔むす杉の大木群に囲まれており、マイナスイオン溢

88

県内一の高さを誇る「玉簾の滝」 かつては山岳信仰の修行地であった

れるパワースポットとして人気を集めています。

ゴールデンウィークとお盆の時期は、日没から午後9時まで滝のライトアップが実施され、幻想的に光る玉簾の滝を見ることができます。また、厳寒期の1月中旬頃から滝が凍り出します。凍った滝は「氷瀑（ひょうばく）」と呼ばれ、普段とは異なる幽玄な姿へ形を変えます。その年の気候によって凍り方が変わるため、2つとして同じ表情はありません。まさに冬の山形が作り出す一期一会の芸術作品です。

※冬季間の平日の除雪は行いませんのでご注意ください。

■酒田市升田
■自動車/JR酒田駅から約40分、庄内空港から約1時間
日本海沿岸東北自動車道「酒田みなとIC」から約30分
※冬期間、アクセス道路は土日祝日のみ除雪されます

HPリンク

日本海の不思議アイランド「飛島」

VP No.30

飛島から見る 日本海と鳥海山の眺望

鼻戸崎展望台（はなとざきてんぼうだい）付近のビューポイントからは、左前方に鳥海山、手前に大小の島々が見え、眺望抜群のスポットです。早朝天気がよければ、鳥海山の稜線から昇る朝日を見ることができます。まさにここでしか見られない、雄大な眺望景観をぜひ体験ください。

付近の高台には「渚の鐘」があり、西海岸を一望することができます。荒崎から田下海岸まで湾曲する海岸線は絶景です。記念に鐘の音を響かせてみてはいかがでしょうか。

飛島は渡り鳥の中継地であり、春は大陸へと向かう鳥、秋は大陸から来る鳥と列島を南下する290種以上の野鳥で賑わうことから、バードウォッチングを楽しみに数多くの人が来島します。また全国でも珍しいウミネコの繁殖地でもあり、砂浜近くにある御積島（おしゃくじま）などが繁殖地として天然記念物に指定されています。

HPリンク

鼻戸崎展望台からの鳥海山方面の眺め。飛島周辺は対馬海流の影響で温暖な気候であることから、暖かい環境を好む動植物が数多く生息する

90 飛島の「巨木の森」に佇むタブノキ

タブノキはクスノキ科の常緑高木で大きいものは樹高30mほどになる

VP No.96

HPリンク

89

日本海に浮かぶ山形県唯一の離島「飛島(とびしま)」。暖流と寒流が入り混じる場所に位置し、県最北にもかかわらず温暖な気候の島です。この周囲約10㎞といわれる小さな島で、タブノキやマツの巨木を見れる場所があります。

「巨木の森」は鼻戸崎展望台(はなとざきてんぼうだい)の遊歩道脇にある森林で、遊歩道を覆い尽くすほどの枝を伸ばしたタブノキが迎えてくれます。巨大なものになると幹回りが４ｍを超えるタブノキが鬱蒼と立ち並ぶ景観は、まさに圧巻です。海流の影響で比較的温暖な飛島がタブノキの北限といわれており、川がなく真水の確保が難しい飛島では、保水力に優れた常緑樹のタブノキは重宝され、島民の手により積極的に植林されてきた歴史があるといわれています。爽やかな木々の香りの中、迫力満点のタブ林を散策することができます。

百千鳥賑わう野鳥観察

飛島はシーズンになると、数多くの渡り鳥で賑わいます。本州では中々見ることのできない大陸系の珍鳥が数多く観測されます。野鳥の宝庫、飛島でバードウォッチングもおすすめです。

飛島の総面積は2.75㎢、周囲10㎞ほどの小さな島。飛島へは酒田港より定期船「とびしま」で片道75分。

(No.89の標識は海に面して設置)

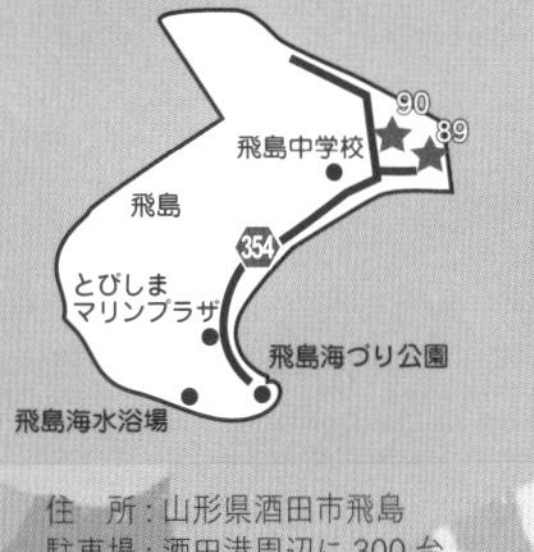

住　所：山形県酒田市飛島
駐車場：酒田港周辺に 300 台

interview

“この景観にたずさわっているひとびと”

田中 義文 さん
連絡先 090-5443-8437

はじめまして、私は、2016年に新庄市から飛島に移住してきました。

飛島は、県で唯一の離島で国定公園でもあり、県内外の観光客からとても人気のある島です。海水の透明度がとても高く、各遊歩道の高台広場から見える眺望は、絶景で誰もが驚嘆しています。
国指定天然記念物のウミネコの繁殖地や県指定天然記念物のサンゴ類群生地、市指定のトビシマカンゾウの群落などのほか、西海岸では安山岩柱状節理、海に向かって走る断層が見られ、心打たれます。

また、春と秋には、渡り鳥の休息の島として国内外からバードウォッチャーが来島します。飛島の魅力は、ここでは語りつくせませんので、是非現地にお越しください。

庄内

湧水の芸術 幻想的な水辺の空間
「丸池様《まるいけさま》」

丸池様は、直径20m、水深3.5m、鳥海山からの湧き水だけで満たされた美しい池です。不純物の極めて少ない澄み切った水に太陽光が当たることで、驚くほど鮮やかなエメラルドグリーンの池が生み出されています。丸池様というのは俗称であり、正式な名は「丸池神社」と言い、「鳥海山大物忌神社」の末社にあたります。古くから池そのものが御神体とされ、人々から崇められてきました。

　この丸池様に住む魚は片目が無いと言われています。それ

冷たい湧水によって水中の倒木は朽ち果てることがないと言われる

付近を流れる牛渡川では、初夏に美しい梅花藻（バイカモ）を見ることができる

interview

“この景観にたずさわっているひとびと”

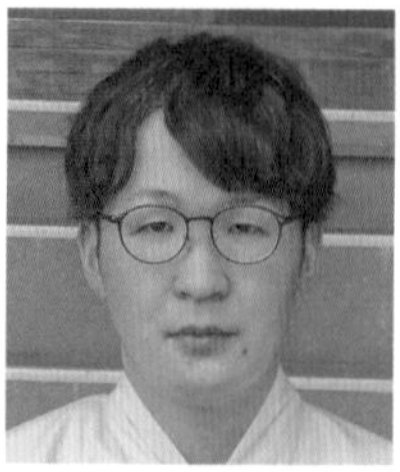

鳥海山大物忌神社 権禰宜
鳥海 真史(とりのうみまさし)さん
連絡先 0234-77-2301

丸池神社は、広く一般に「丸池様」と称され、瑠璃色の透き通った神池そのものがご神体として崇敬されており、御祭神は、天照大御神の三女神、田心姫命、市杵島姫命、多岐津姫命になります。

また、鳥海山大物忌神社の境内外末社で神域であるため、社叢は、全くの原生林として残り、遊佐町の天然記念物に指定されています。丸池様には、多くの方にお越しいただいてますが、皆さんマナーを守って大切にしていただいていると感じており、感謝しています。これからも地域の方々とともに、この美しい景観を守り続けていきたいです。

91

幻想的なエメラルドグリーン色に光る丸池様　日光の加減で様々な色の深みを出す

は平安時代の武将、鎌倉権五郎景正にまつわる伝説からきているとされます。東北を舞台とした平安時代の戦「前9年の役」で、敵に目を射抜かれた鎌倉権五郎景正が、味方に矢を抜いてもらいこの池で目を洗ったところ、瞬く間に血の色に染まり、それ以来池に棲む魚が全て片目になってしまった、と伝わっており、この地域の子供達は「この池の魚を捕まえると目が潰れるぞ」と親から言い伝えられているといいます。

晴れた日の午前中や昼頃に訪れると、日光に照らされた池が光の角度によって様々な色の深みを見せ、大変美しく映ります。

■遊佐町直世字荒川

■自動車/日本海沿岸東北自動車道「酒田みなとIC」から約30分
JR吹浦駅から約5分、JR遊佐駅から約10分

HPリンク

茜色に染まる庄内平野

92

VP No.32

眺海の森《ちょうかいのもり》から見る庄内平野と最上川、鳥海山

広大に広がる庄内平野 日中の光景

日が暮れれば絶好の夜景スポットへ早変わり

酒田市の松山地区と平田地区にまたがる「眺海の森」は、標高２００～３００ｍの丘陵地帯という立地から、北に鳥海山、南に月山、西には広大な庄内平野と最上川、またその向こうには日本海、飛島を眺めることのできる庄内屈指の景勝地です。

麓にある總光寺（そうこうじ）から車で縫うように山道を登ると、ときおり、樹々の間から庄内平野の田園風景が垣間見え、さらに登っていくと広大な風景がパノラマ状に広がります。山頂には、酒田市出身の哲学者 阿部次郎の文学碑が建っており、「まさに海に入らうとする最上河とその周囲に発達せる平野は、鳥海山と月山の中央山脈の山塊を盟友として、幼い私の魂をその懐の中に育ててくれたのである」と刻まれてあります。

秋になると紅葉樹が一斉に染まり紅葉のスポットとして人気です。また、夕日の美景スポットとしても有名であり、庄内平野が茜色に染まる景色は絶景です。

■酒田市土渕
■自動車／日本海沿岸東北自動車道「酒田中央IC」「酒田IC」から約30分
JR酒田駅から約35分
庄内空港から約40分

HPリンク

庄内

「風のまち」の田園風景にたたずむ 風車群　93

庄内のシンボルとして親しまれている風車群

日本有数の米どころである庄内町

雪原と風車群

日本三代悪風と言われた立川（現：庄内町）の風。春から秋にかけて最上川に沿って吹き抜ける「清川だし」は農作物に被害を与えたり大火の原因となるなど、長年地域住民を苦しませてきました。そんな悪風を逆手に取り、町おこしに活用しようと旧立川町が始めたのが風車による発電でした。１９８０年代から風力発電に取り組んできた本町は、全国での風力発電の取り組みへのきっかけとなった地です。庄内平野の田園の中に立ち並ぶ風車群は風の町、庄内のシンボルとして親しまれています。

近隣の「道の駅しょうない」では自慢の直産品の他、地元野菜を活かしたレストランでは巨大な風車を眺めながらの食事を楽しめます。

※風車群は令和５年度に老朽化の原因から、現在は１基を残して撤去されております。近隣の民間による風力発電は存続しています。

HPリンク

■庄内町狩川雁ヶ原150-24
■自動車／JR狩川駅から約5分
余目駅から約10分
鶴岡市内から約35分
酒田市内から約40分

VP No.52

庄内平野に佇む匠の技と大正ロマン アトク先生の館　94

象徴的な檜の一枚板を使用した廊下 鏡面の様に磨かれている

大正ロマンを感じる外観

美しい日本庭園

アトク先生の館は、三川町の旧家阿部家が建築したもので、匠の技術を駆使した大正から昭和にかけた時代の趣が感じられる建物です。建物は近代日本建築の粋を集めたもので、なかでも庭に面した廊下の檜の一枚板は、撮影者が訪れるほどの銘木です。

建物の愛称のアトク先生とは、この建物の持ち主であり、ドイツ語の教師であった故阿部徳三郎さんの愛称です。人々からアトク先生と呼ばれ親しまれ、そのユニークな愛称が建物の名称になりました。

現在は三川町の文化交流館として使用されており、どなたでも邸内を無料で見学することができます。建物の傍らには樹齢４００年と伝えられるクロマツがそびえ、周囲を見渡すと山々を望める庄内らしい景観となっております。また、映画「おくりびと」の納棺シーンはここで撮影されました。

HPリンク

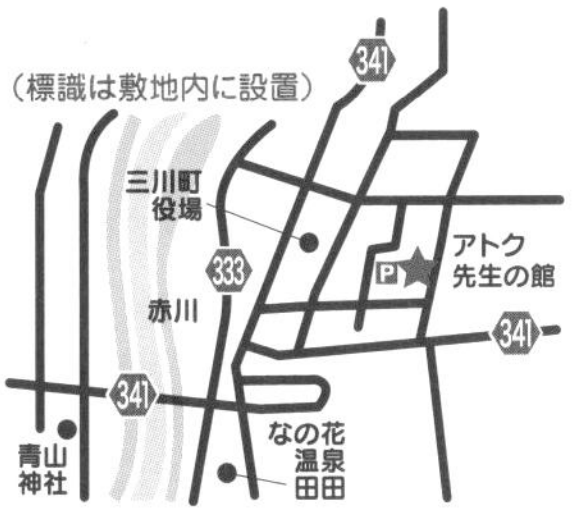

■三川町大字押切新田三本木118
■自動車／日本海沿岸東北自動車道「庄内空港IC」から約15分
JR鶴岡駅から車で約15分

VP No.60

95 自然と人が作った湧水の滝 胴腹滝《どうはらだき》

鳥海山の伏流水が岩場から湧き出す世にも珍しい滝です。杉林の辺り一面は冷涼な空気が漂い、思わず見入ってしまう神秘的で幽玄な世界が広がっています。山深く雪の多い場所にありますが、冬でも凍ることがなく、遊佐の名水として一年中人々が訪れる遊佐町の人気スポットです。

不動尊を真ん中に岩の裂け目から左右に二筋の滝が流れており、湧き出た水は右と左で味が違うと言われております。水を汲んでいる人の中には、右の水を飲む人、左の水を飲む人、半分ずつ混ぜる人など好みが分かれます。湧元から水を引いた水汲み場が設けられているのでどなたでもお楽しみいただけます。※湧水は殺菌をしていない生水です。

明治時代には修験者の修行場とされた場所で、地域の方々によって滝の水が苔むした岩の間を流れるように整地され、大切に保全されてきました。今もなお地域の方々の信仰に支えられた美しい風景が息づいている場所です。

庄内

VP No.97

■遊佐町吉出

■自動車／日本海沿岸東北自動車道「遊佐比子IC」から約20分 JR遊佐駅から車で約10分

HPリンク

interview

“この景観にたずさわっているひとびと”

胴腹滝は、鳥海山の伏流水が山腹から湧き出ており、遊佐の名水として、県内外から多くの皆さんに訪れていただいています。

この胴腹滝不動堂は、八日町の高橋嘉之助家で先祖代々守り続けており、私も毎日のように胴腹滝に通い、胴腹滝不動堂周辺の環境整備に取り組んでいます。

今は、鳥海山・飛島ジオパークの方から草花のプレートを設置いただくなど協力いただいています。

多くの皆さんに大切にされているこの場所を、体が続く限り守り続けていきます。

高橋 光弘 さん
連絡先 0234-72-5050

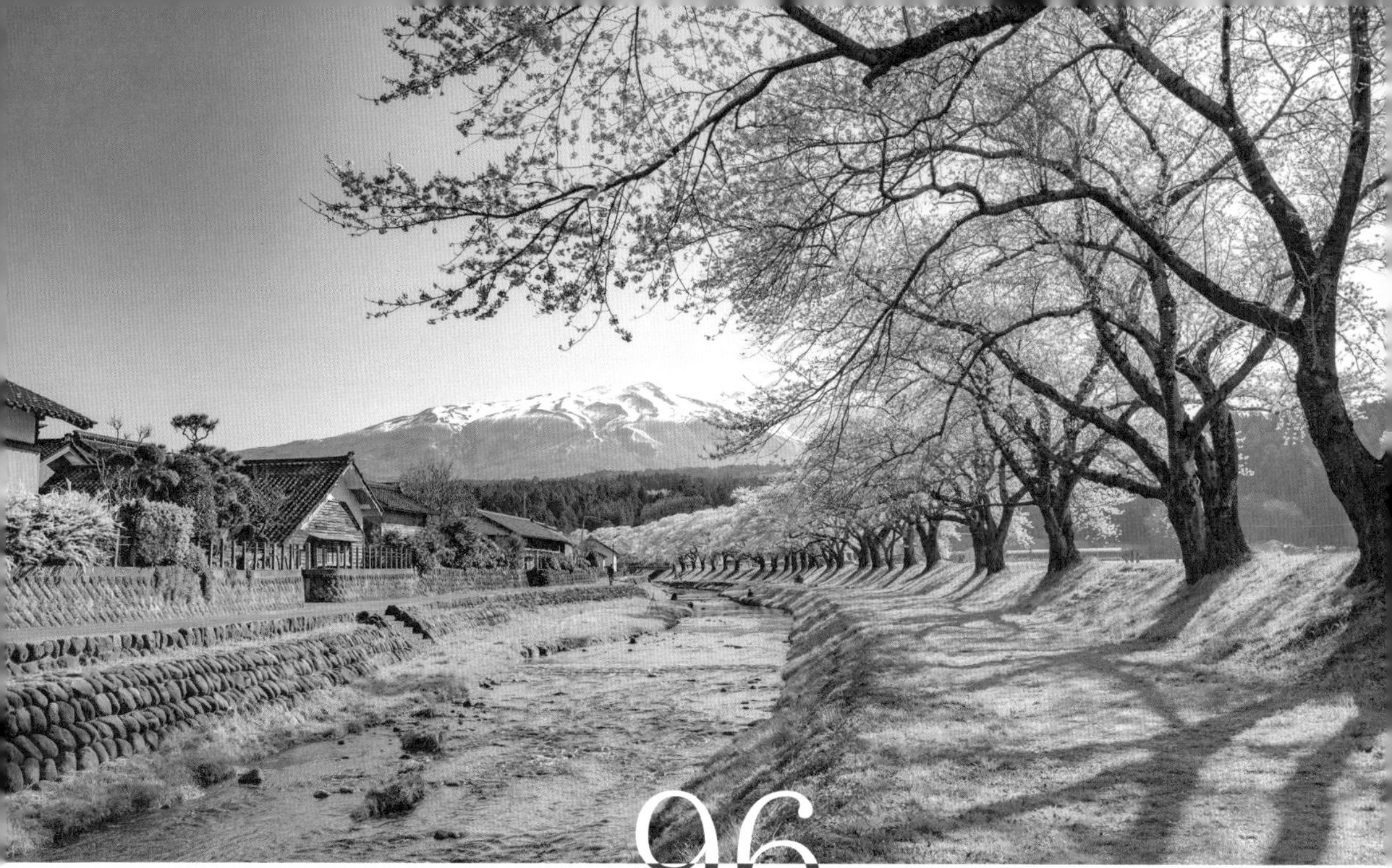

満開の桜並木と鳥海山の景色はまさに絶景

96

VP No.98

桜まつりの際は鯉のぼりがかけられる

約60本ものソメイヨシノが彩る

中山河川公園の河川敷から眺める鳥海山

中山集落のそばを流れる洗沢川沿いに桜並木が続いており、開花時期を迎えた満開の桜景色は遊佐町を代表する景色です。この桜は昭和34年に当時の皇太子様御成婚記念として60本あまりが植栽されたものです。その美景から、東日本大震災復興プロジェクト「東北夢の桜街道」の51番札所に位置付けられており、県内外から桜を楽しみに数多くの人々が訪れます。

　小川の流れを聞きながら、春は桜並木や鯉のぼり、夏は新緑、秋は紅葉、冬は水墨画のような風景を眺めることができます。桜並木の美しさと合わせて、下流から眺めると残雪を被った鳥海山が背景に現れ一枚の絵のような景色になります。そのためカメラマンや画家の皆さまが訪れる場所でもあります。花見の時季には提灯がともされ、風情のある夜桜も楽しむことができます。

　どこか懐かしさを覚える日本の原風景の景観をお楽しみください。

HPリンク

interview

“この景観にたずさわっているひとびと”

　中山河川公園は、ソメイヨシノと鳥海山の残雪、民家にある黒塀、石垣がセットで撮影できるポイントが人気です。

　中山集落においても、美しい景観を守るため遊佐町の協力のもと洗沢川周辺の環境美化に取り組んでいます。また、ソメイヨシノの並木がある洗沢川周辺では、4月に、家族や村内の安全を願い、わら人形に災いを託して、疫病や厄災の退散を祈る民俗行事である、やさら行事を行っています。

　近所の子どもたちが少なくなってきている課題はありますが、ソメイヨシノとともに守り続けていきたい大切な行事です。

中山集落区長
佐藤 克昭 さん
連絡先 0234-72-2637

■遊佐町直世
（中山河川公園）
■自動車／日本海沿岸東北自動車道
「遊佐比子IC」から約15分
JR遊佐駅から車で約10分

四季折々に姿を変えるブナの森に囲まれた鶴間池

97

VP No.95

鳥海山湯の台口に向かう「のぞき」から眺める鶴間池《つるまいけ》

鶴間池は、鳥海山の南側に面した場所にある、ブナの原生林に囲まれた美しい池です。この池は緩やかな斜面が広範囲にわたってゆっくりと滑り落ち、地すべりによって生じた窪地に水が貯まることにより形成されたと言われています。鳥海山・湯の台口(滝の小屋下)へと続く山岳道路「鳥海高原ライン」沿いには、ビューポイントである「のぞき」と呼ばれる展望所があります。眼下には四季折々に姿を変えるブナ林が広がり、壮大な景観を作り出しています。木々の葉が朱や黄色に染まる10月の紅葉が特に美しいとされています。

鶴間池周辺には、日本固有種のモリアオガエルが住んでいます。県内では最もモリアオガエルが産卵する場所で、貴重な繁殖地として県指定天然記念物になっています。地すべりによってできた地形が、豊かな自然環境を作り出しているのです。

木々が紅葉に染まる10月が見ごろ

鶴間池の周囲は深いブナの原生林に囲まれている

■酒田市草津湯ノ台
■駐車スペース: 10台
(大型車駐車不可)
■自動車/日本海沿岸東北自動車道「酒田みなとIC」から約45分
JR酒田駅から約55分
※冬季間は積雪のためアクセスできません。

HPリンク

庄内

深い苔に覆われた石段は古来の姿をそのまま残している

98

VP No.99

遊佐町の古刹・永泉寺《ようせんじ》で見る苔石の参道と山門

剱龍山永泉寺(けんりゅうざんようせんじ)は、元々7世紀に役小角(えんのおづぬ)が鳥海山の中腹に開いた禅道場であったと伝えられています。その後、823年に慈覚大師が寺を建立し、1382年に現在の地に移ったと言われています。

参道は石段の形が原型のまま保存されており、深い苔に覆われています。入口には仁王門が建ち、堂々とそびえる仁王像と、上に目をやれば鮮やかな格天井が迎えてくれます。歴史を感じさせる荘厳な古刹の景観が広がるスポットです。

永泉寺のある落伏村(おちぶせむら 現：直世)には古くからの伝説があります。「鳥海山の麓に世にも恐ろしい毒蛇が現れて人々を苦しめており、それを耳にした慈覚大師が祈祷したところ、ちょうど100日目に毒蛇は真っ二つになり、頭は天に飛び去り、尾は大師の護摩壇下に落下した」と伝わっており、落伏はこの伝説が生んだ「尾落臥」から変化したもので、剱龍山という山号は尾に剱があったという伝説から付けられた、と伝わっています。

HPリンク

永泉寺境内

境内先にある供養塔 石造九重層塔（せきぞうきゅうじゅうのそうとう）

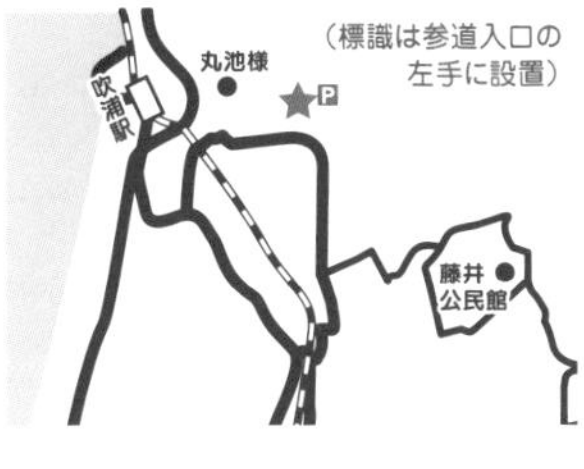

■遊佐町直世仲道3（永泉寺）
■自動車／日本海沿岸東北自動車道「遊佐比子IC」から約17分
JR吹浦駅から約5分

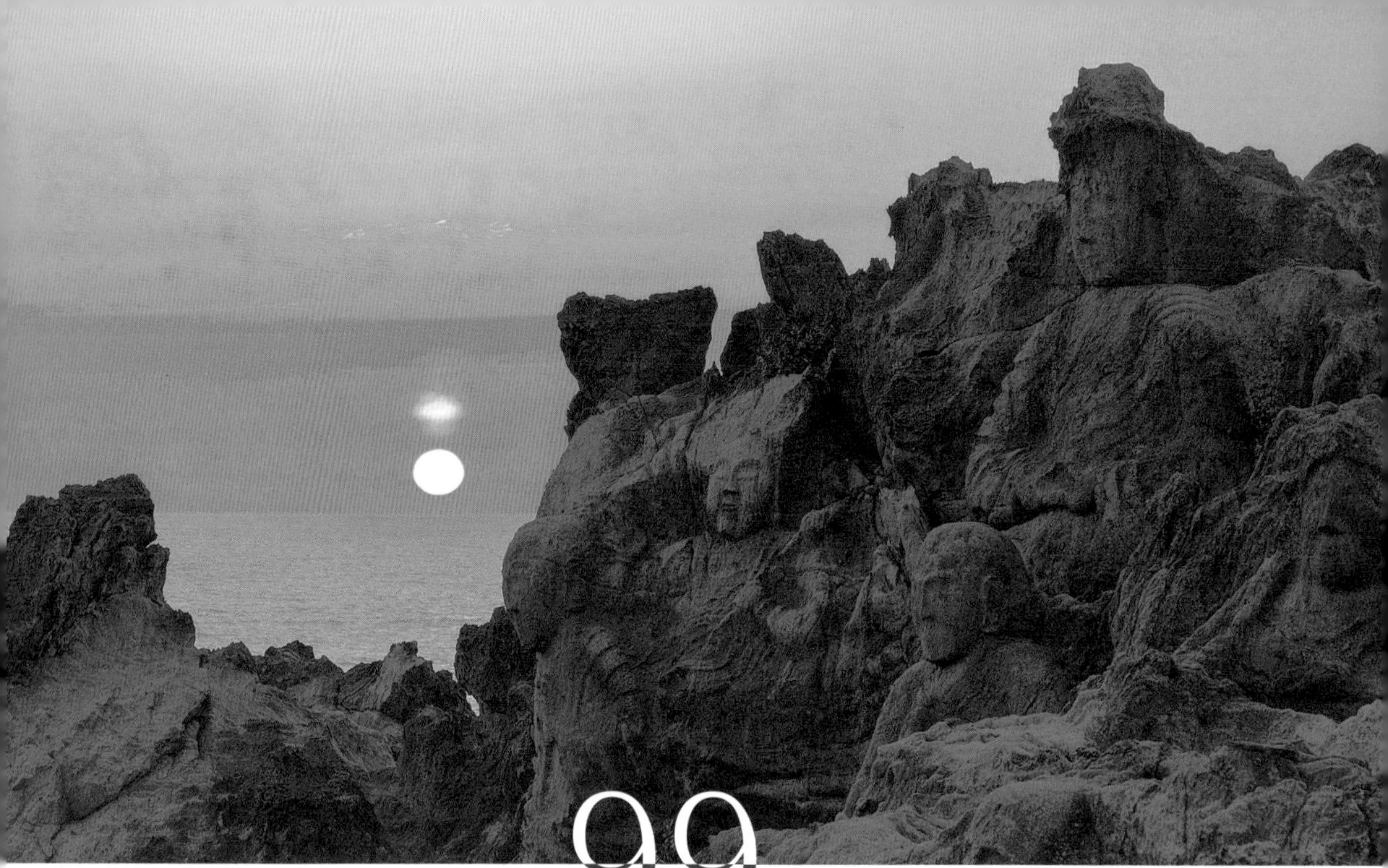

岩礁に刻まれた22体の羅漢像

99

VP No.33

付近には海浜植物であるハマヒルガオが咲く

夏 十六羅漢岩と日本海

interview

“この景観にたずさわっているひとびと”

曹洞宗松河山海禪寺21世大法寛海和尚が羅漢岩造立という大事業を成就させましたが、当時は、本堂、庫裡も消失し、仮の建物の中で生活していたと言われています。

しかし、寛海和尚は、曹洞宗開祖道元禅師が羅漢仏の功徳として説いた、仏道の興隆、庶民の幸福、除災を念願し、本堂、庫裡の再建よりも羅漢像の造立を成されたものと思います。

私たちも、毎年7月下旬の遊佐町民花火大会に併せて、現地で、当時の寛海和尚の大業に思いを馳せながら、仏道の興隆、皆様の幸福、除災を祈念し、羅漢供養を行っています。

松河山海禪寺 住職
五十嵐 擧一(こういち)さん
連絡先 0234-77-2101

（標識は木製案内看板に設置）
210
7

■遊佐町吹浦字西楯
■自動車／日本海沿岸東北自動車道「酒田みなとIC」から約30分
JR吹浦駅から約5分
JR遊佐駅から約10分

HPリンク

遊佐町吹浦海岸から見る 十六羅漢岩《じゅうろくらかんいわ》と日本海

十六羅漢とは、お釈迦様の死後、弥勒仏が出現するまで正しい教えを託された16人の修行者で、仏教の布教に努めた賢者たちのことです。羅漢を供養することで、ご利益として仏教が盛んになり、多くの人々が幸福になり、災害から免れると信仰されてきました。こうした羅漢信仰が根底にあり、遊佐町吹浦の海禅寺住職、寛海（かんかい）和尚が地元の石工たちを指揮し、5年の歳月をかけて22体の摩崖仏（まがいぶつ）を完成させました。その後、羅漢像の完成を見届けた寛海は、71歳の時に自身が守り仏になるために、羅漢像の傍らの海に身を投じたと伝わっています。海岸に佇む羅漢岩は寛海の思いを受け継ぎ、今もなお人々を見守り続けています。

長年、日本海の荒波にさらされながらも、現在にその姿を留めている貴重な十六羅漢岩。日本海に沈む夕日と共に眺める姿は、その歴史的背景も相まって、訪れる人々に深い感動を与えてくれます。

庄内平野から日本海の眺めを一望することができる

100

VP No.100

視点場付近の景色

鳥海湖 古来は「鳥ノ海」と称されていた

大平展望台からの庄内平野と海岸の眺め

山形県と秋田県にまたがる山岳道路「鳥海ブルーライン」の中間地点(4合目)、標高1000mに佇む宿「大平山荘」の駐車場に設置された展望台です。鳥海山での代表的な展望台であり、ここまで広域的に庄内平野や日本海の景観を一望できる視点場は他になく、その眺望景観は、県の眺望景観資産第9号の指定を受けました。視点場からは、庄内平野が一望できるほか、正面に飛島、北は男鹿半島、南は粟島、佐渡島などの展望を楽しむことができます。眼下に広がる田園は季節ごとに景色を変え、雄大な日本海には夕陽が沈み、夜には空一面の星空を見ることができます。

鳥海山の7合目にあたる場所には「鳥海湖」と呼ばれるカルデラ湖があります。周辺は遅くまで残雪が残っているので雪解けを追いかけるように次々と高山植物が花を咲かせる花の名所です。こちらも景勝地として人気が高く、この鳥海湖を目的に登山をする人も大勢おられます。

■遊佐町吹浦字鳥海山(大平展望台)
■自動車/JR吹浦駅から車で約20分
日本海東北自動車道
「酒田みなとIC」から車で約20分

HPリンク

庄内

ナビゲーション表に関して…やまがた景観物語100箇所のおすすめのシーズンやアクセス等の留意点を記載してあります。目安としてご覧ください。

アクセスレベルに関して…駐車場から視点場までのアクセスの難易度を表したものです。1が最もアクセスし易く数字が上がるにつれ難易度が上がります。

・レベル1 駐車場から景観が見れる(バリアフリー) ・レベル2 駐車場から5分以内でアクセス可能 ・レベル3 駐車場から10分以内でアクセス可能

・レベル4 駐車場から20分程登るor歩く ・レベル5 駐車場から30分以上登るor歩く(別の乗り物(ロープウェイなど)に乗る)

おすすめの楽しみ方に関して…見学、各種体験・アクティビティは事前予約が必要な場合があります。予め施設HP等でご確認ください。

春			夏			秋			冬			おすすめの楽しみ方
4月	5月	6月	7月	8月	9月	10月	11月	12月	1月	2月	3月	
桜	新緑					紅葉			雪景色			まちあるき
桜	新緑					紅葉			冬季アクセス不可期間			パワースポット
	新緑					紅葉			樹氷			スキー、トレッキング
桜	新緑					紅葉						参拝
		アジサイ				紅葉			冬季アクセス不可期間			参拝、散策
夜景												ドライブ
桜						紅葉	キャンプ場閉鎖期間					キャンプ等
桜						紅葉						まちあるき、城めぐり
年間を通しておすすめ(大晦日・新年、GW、花笠まつり、クリスマスはライトアップ)												見学ツアー
桜	新緑		ハス、ヒガンバナ等			紅葉						まちあるき
桜	フジ等				ヒガンバナ等							トレッキング、夜景
								イルミネーション				散歩
年間を通しておすすめ												まちあるき
年間を通しておすすめ												まちあるき
年間を通しておすすめ												夜景
桜	新緑					紅葉			※1			まちあるき、温泉
桜	新緑					紅葉		雪景色				美術館鑑賞
桜		アジサイ等				紅葉						トレッキング
桜	新緑					紅葉		スキー				スキー
桜		じゅんさい										箱舟に乗ってじゅんさい摘取り
桜 芝桜					コスモス							まちあるき
桜	新緑					紅葉						参拝
年間を通しておすすめ												まちあるき、足湯
桜	新緑					紅葉			雪景色			川遊び、ライトアップ
	新緑		木漏れ日			イチョウ						まちあるき
年間を通しておすすめ												作品づくり、古代体験
桜		ラベンダー等				紅葉						各種アクテビティ
年間を通しておすすめ												まちあるき
	水鏡		青田		杭掛け							農業体験
			紅花									まちあるき
年間を通しておすすめ												キャンプ
	新緑					紅葉			雪景色			トレッキング
			紅花									紅花染め体験
	水鏡 ヒメサユリ		青田		杭掛け							農業体験
年間を通しておすすめ												まちあるき(左沢)
桜	新緑					紅葉						サイクリング、ウォーキング
噴水												ダム見学
桜	新緑								冬季アクセス不可期間			グルメ(そば)
桜、ツツジ、シャガ、スイレン、アジサイ、ヒガンバナ等						モミジ						まちあるき
	水鏡		青田		稲刈り							農業体験
桜	菜の花 新緑					紅葉						ショッピング
	新緑					紅葉		冬季アクセス不可期間				史跡巡り
桜									冬季アクセス不可期間			まちあるき
桜	鯉の放流											まちあるき
								冬季アクセス不可期間				森林浴
						紅葉		冬季アクセス不可期間				森林浴
	新緑					紅葉		冬季アクセス不可期間				森林浴
	新緑					紅葉			雪景色			温泉、アウトドア
	水量増				水量増	紅葉		冬季アクセス不可期間				キャンプ
ザゼンソウ、キンコウカ、サワギキョウ等								冬季アクセス不可期間				ハイキング

※1 初日の出

※2 アクセス等の留意事項は本文でご確認下さい

やまがた景観物語ビューポイント100ナビゲーション

ガイドブック No	VP No	ビューポイント略称	アクセスレベル	視点場の状況			近くの立ち寄りどころ		
			1~5 (易～難)	ベンチ 座って休める	東屋 雨でも見れる	トイレ	お土産屋	飲食店	あわせて巡りたいビューポイント
01	01	山寺立石寺	1	○	○	○	○	○	02 21
02	66	垂水遺跡	4	○	○	○			01 21
03	02	蔵王の樹氷	5			○	○	○	06
04	63	唐松観音	2			○			08 09 21
05	64	出塩文殊堂	3	○	○	○冬季間閉鎖			11 15
06	34	西蔵王公園展望広場	1			○			07
07	67	古竜湖	2	○		○			06
08	62	霞城公園	2	○	○	○		○	04 09
09	61	文翔館	2	○	○	○		○	04 08
10	75	慈恩寺テラス	1	○	○	○	○	○	12
11	65	長谷堂城跡	4	○	○	○			05 15
12	06	チェリークア・パーク	2	○	○	○			10
13	35	武家屋敷通り	2	○	○	○	○		14 16
14	04	楢下宿	2			○			13 16
15	68	ふれあい展望台	1	○	○				05 11
16	03	上山城天守閣	2	○	○	○	○		13 14 18
17	09	最上川美術館	2	○		○			20
18	69	花咲山展望台	2	○	○	○		○	16
19	05	天童高原	2	○	○	○		○	22 25
20	10	じゅんさい沼	2	○		○		○	17
21	70	立谷川芝桜	1	○					01 02 04
22	36	若松寺	2	○	○	○	○		19
23	11	銀山温泉	2	○		○	○	○	27
24	57	関山大滝	2	○	○	○	○	○	28
25	72	総合運動公園	2	○	○	○			19 26
26	73	西沼田遺跡	2	○	○	○	○		25 39
27	40	徳良湖	2	○	○	○		○	23
28	56	東根城跡大ケヤキ	2	○	○	○			24
29	54	大蕨の棚田	2			○			5 34
30	74	旧柏倉家住宅	2			○			31
31	37	最上川橋梁	3	○	○	○			30
32	38	大井沢	2			○			37
33	55	紅花資料館	2	○	○	○			10
34	07	椹平の棚田	2	○	○	○			29
35	08	楯山公園	2	○		○			12 30
36	76	溝延桜づつみ	1			○			10 12
37	39	寒河江ダム	1	○	○	○		○	32
38	12	虹ヶ丘公園	3						17
39	71	舞鶴山	2	○	○	○			25 26
40	17	四ヶ村の棚田	2			○			42
41	41	原蚕の杜	2			○	○	○	52
42	77	八向楯	3			○			40 47 54
43	13	楯山 金山の街並み	3	○					44 46
44	78	大堰公園	2	○	○	○			43 46
45	79	幻想の森	2 ※2						53
46	82	大美輪の大杉	3						43 44
47	84	小杉の大杉	3	○	○	○			42 50
48	81	若あゆ温泉	2	○	○	○	○	○	51
49	80	白川砂防堰堤	3	○	○	○			53
50	42	米湿原	3			○			47

ナビゲーション表に関して…やまがた景観物語100箇所のおすすめのシーズンやアクセス等の留意点を記載してあります。目安としてご覧ください。

アクセスレベルに関して…駐車場から視点場までのアクセスの難易度を表したものです。1が最もアクセスし易く数字が上がるにつれ難易度が上がります。

・レベル1 駐車場から景観が見れる（バリアフリー） ・レベル2 駐車場から5分以内でアクセス可能 ・レベル3 駐車場から10分以内でアクセス可能

・レベル4 駐車場から20分程登るor歩く ・レベル5 駐車場から30分以上登るor歩く（別の乗り物（ロープウェイなど）に乗る）

おすすめの楽しみ方に関して…見学、各種体験・アクティビティは事前予約が必要な場合があります。予め施設HP等でご確認ください。

春			夏			秋			冬			おすすめの楽しみ方
4月	5月	6月	7月	8月	9月	10月	11月	12月	1月	2月	3月	
		ツツジ・ミズバショウ・アヤメ 等				紅葉						各種アクティビティ
			青田		稲穂					白鳥・雪景色		出羽富士撮影
桜		新緑				紅葉				雪景色		乗馬、グルメ
					年間を通しておすすめ							韓国グルメ
桜	新緑					紅葉						夕日鑑賞
		新緑				紅葉				雪景色		舟下り
		高台からの風景				雲海				冬季アクセス不可期間		チェアリング、パラグライダー体験
桜				蓮		紅葉			雪景色・雪灯籠まつり（2月第2土曜日）			参拝
雪景色		新緑		夏山登山		紅葉			雪景色			登山、スキー、夜景
		新緑		青田	稲穂	紅葉				雪景色		撮り鉄、乗り鉄
桜			眺望・夜景				紅葉		冬季アクセス不可期間			夜景、ドライブ
	桜・ツツジ・ヤマボウシ 等					紅葉						ハイキング
					年間を通しておすすめ							旧高畠駅も見学
桜		新緑				モミジ				雪景色		散歩、参拝
	風花			風の音風鈴		風花	イチョウ	風花				参拝
					年間を通しておすすめ							参拝
桜、鯉のぼり、菜の花等						紅葉						散策
		新緑					紅葉			雪景色		散策
	水没林					紅葉						各種アクティビティ
	桜	新緑				紅葉			冬季アクセス不可期間			トレッキング
	水没林			出水期（橋通行可）			イチョウ			ワカサギ釣り		冬季ワカサギ釣り
桜						紅葉						フラワー長井線乗車
		ハッチョウトンボ、ヒメサユリ、ニッコウキスゲ 等				紅葉						ハイキング
	アクセス不可期間					紅葉			冬季アクセス不可期間			森林浴
	水鏡	ゆり		青田		稲穂	紅葉		雪景色			カメラ
					年間を通しておすすめ							パワースポット巡り、まちあるき
桜		新緑					紅葉			雪景色		ショッピング、見学
桜		新緑					紅葉					多層民家
桜		新緑					紅葉					参拝、まちあるき、資料館巡り
				放牧牛						冬季アクセス不可期間		夜景
					年間を通しておすすめ							夕日鑑賞
					年間を通しておすすめ							ショッピング、見学
				海水浴						強風注意		海水浴、釣り、夕日
春植物 桜	ツツジ	新緑	アジサイ	蓮	ハイキング		白鳥・紅葉		白鳥などの水鳥			山野草、水鳥、歴史
				海水浴						強風注意		夕日、ショッピング、グルメ
桜		新緑					紅葉					ショッピング、まちあるき
					年間を通しておすすめ							館内鑑賞
桜		新緑				紅葉			雪景色・氷瀑			パワースポット巡り、ライトアップ
				海水浴					強風により欠航のおそれあり			バードウォッチング
				海水浴					強風により欠航のおそれあり			バードウォッチング
		新緑	バイカモ				紅葉					カメラ、パワースポット巡り
桜		新緑		青田	稲穂	紅葉			スキー			キャンプ、スキー
					年間を通しておすすめ							ドライブ
					年間を通しておすすめ							建築・庭園鑑賞
					年間を通しておすすめ							湧水
桜		新緑					紅葉			雪景色		川遊び
						紅葉				冬季アクセス不可期間		トレッキング、登山
		苔				苔						庭園鑑賞
				冬季以外おすすめ					強風注意			夕日、海水浴
		新緑				紅葉			冬季アクセス不可期間			ドライブ、夕日、夜景

※1 アクセス等の留意事項は本文でご確認下さい

やまがた景観物語ビューポイント100ナビゲーション

ガイドブック No	VP No	ビューポイント略称	アクセスレベル	視点場の状況			近くの立ち寄りどころ		
			1~5 (易~難)	ベンチ 座って休める	東屋 雨でも見れる	トイレ	お土産屋	飲食店	あわせて巡りたいビューポイント
51	15	猿羽根山	2	○					48
52	16	野々村ため池	1	○	○	○			41 43 44
53	14	前森高原	1	○	○	○		○	49
54	18	高麗館	2	○	○	○	○	○	40 42
55	83	古口排水機場	1	○	○				56
56	43	白糸の滝	1	○	○	○	○	○	45 55
57	20	南陽スカイパーク	2	○		○			64 65
58	85	上杉神社	2	○	○	○	○	○	59 61
59	44	天元台高原	5	○	○	○	○	○	58 61
60	21	白兎駅	1		○	○			62 75
61	19	御成山公園	1	○		○			58 59
62	59	八ヶ森	3	○	○	○			60 72
63	47	瓜割石庭公園	2	○		○			66 67
64	48	烏帽子山公園	2	○	○	○		○	57 65
65	86	熊野大社	1	○	○	○	○	○	57 64
66	45	亀岡文殊	2			○	○	○	63 67
67	46	まほろば古の里歴史公園	1	○	○	○			63 66
68	87	ながい百秋湖	1		○	○	○	○	60 75
69	25	白川湖	2			○			71 73 75
70	22	樽口峠	1 ※1			○			71 74
71	88	横川ダム	1	○	○	○			70
72	23	荒砥鉄橋	2						60 62
73	58	下小松古墳群	4			○			75
74	89	天狗橋	3			○			70
75	24	どんでん平ゆり園	2	○	○				73
76	26	羽黒山五重塔	3			○	○	○	77
77	49	松ヶ岡開墾場	1	○	○	○	○	○	76
78	50	七ツ滝	1						37 80
79	90	鶴岡公園	1	○	○	○	○	○	84
80	91	月山高原展望台	1	○	○				81
81	93	創造の森	1	○	○	○			80
82	29	山居倉庫	1	○	○	○	○	○	86
83	92	八乙女浦白山島	1	○	○	○		○	85
84	94	大山公園	1	○	○	○			79
85	27	マリンパーク鼠ケ関	1	○		○		○	83
86	28	日和山公園	1	○	○	○	○	○	82 87
87	51	酒田市美術館	1	○	○	○	○	○	86
88	31	玉簾の滝	3			○	○		97
89	30	飛島鼻戸崎岬展望台	4						90
90	96	飛島巨木の森	4						89
91	53	丸池様	2			○			98 99
92	32	眺海の森	2	○	○	○			93
93	52	風車群	1				○	○	92 94
94	60	アトク先生の館	1	○	○	○			93
95	97	胴腹滝	2			○			91 96 98
96	98	中山河川公園	1			○			98
97	95	鶴間池	1						88
98	99	永泉寺	2						96
99	33	十六羅漢岩	2		○	○	○	○	91 98 100
100	100	太平展望台	2	○					91 98 99

五十音索引

◎編集後記

本書の編集を手がけるにあたり、改めて「景観」という言葉に向き合いました。「風景」と何がどう違うのでしょうか。風景という言葉を辞書で調べると「目に映る広い範囲の眺め」とあります。「景観」という言葉を調べると「人間が視覚的に認識する風景」とあります。一見大きな違いがない様に思えますが、意味合いの異なる言葉であることに気がつきました。

私たちは普段から、山や川、家、道路、神社やお寺、様々なものに囲まれて生活を送っています。自然が作り出したもの、人が作り出したもの、その中に私たち人間の生活があります。それらの風景を表す「景」と、それを人々が観ることの「観」が合わさり「景観」という言葉ができている様です。つまり観られるものと観るものがいて初めて景観という言葉は生まれるのです。

山形県には太古からつむがれてきた歴史ある場所が数多く残されています。そしてそれは今もなお、その地に生きる人々の営みによって成り立っています。その尊い営みを本書を通して多くの方々に知っていただきたく思うと同時に、未来へと絶やすことなく繋ぐ一助になることができればという願いを込め、本書の編集を手がけさせていただきました。

～株式会社 リンクス 出版部～

◎監修後記

「やまがた景観物語」事業につきましてはこれまで、選定委員はじめ、応募いただいた県民のみなさま、市町村ほか、沢山の方々にご協力いただき、続けてくることができました。この場にて心から感謝申し上げます。

監修にあたっては、これまでの取り組みの集大成として、山形県の景観の魅力を末永く感じることができ、お手元に蔵書してもらえるような一冊を目指しました。

このガイドブックを手にしていただいた皆様が、行ってみたい、見てみたいと感じて、実際に現地に訪れていただけたら最高の幸いです。

～山形県 県土整備部 県土利用政策課～

■制作・編集

株式会社 リンクス 出版部

〒990-0861 山形県山形市江俣二丁目9-30 1F

Tel.023-673-0265

https://linx-corporation.co.jp

■協力

Special Thanks （順不同・敬称略）

●写真提供

県内各市町村所管課、山形市観光案内センター、公益社団法人山形観光情報センター、山形県郷土館、一般社団法人天童市観光物産協会、酒田市美術館、最上川美術館・真下慶治記念館、株式会社モンテディオ山形、猿羽根山地蔵堂、河澄大吉、やまがた景観物語Instagramフォトムービーコンテスト入選作品応募者、有限会社マン・クリエイト

●イラスト

竹永絵里（イラストレーター）

●監修

山形県 県土整備部 県土利用政策課

※やまがた景観物語の紹介に関する部分については、山形県県土利用政策課が監修していますが、それ以外の部分（周辺観光情報等）については、発行制作企業が編集しています。

「やまがた景観物語」の関連サイト

山形県観光情報ポータル やまがたへの旅 ENJOY YAMAGATA
山形県公式観光サイト

やまがた山 YAMAGATA-YAMA
やまがたの山登りがより楽しくなる山についてのお役立ち情報サイト

里の名水・やまがた百選
山形県水大気環境課が運営するサイト

日本一の滝王国 山形 Yamagata: Land of Waterfalls
滝の数日本一の山形県内の滝を紹介するサイト

未来に伝える山形の宝 ポータルサイト
山形県文化財活用課が運営するサイト

最上川流域地域づくり推進協議会
最上川流域地域づくり推進協議会が運営するサイト

やまがた的グリーン・ツーリズム
山形県グリーン・ツーリズム推進協議会が運営するサイト

最上川電子大事典 mogami river Digital encyclopedia
「最上川のことならなんでもわかる」国土交通省山形河川国道事務所が運営するサイト

南の山形 たまには おきたま 旅紀行。
山形置賜地方観光ポータルサイト

「やまがた景観物語」の情報発信

Facebook 公式ページ　Instagram 公式アカウント　YouTube 公式チャンネル

右記SNS等内の「やまがた景観物語」関連コンテンツ（写真・動画）につきましては、随時提供に応じておりますので、下記お問合せ先までご連絡願います。

「やまがた景観物語」関連事業の財源の一部には以下の企業からの寄附金（企業版ふるさと納税）を充当しています

山形県では「やまがた景観物語」事業にご賛同いただける企業様、連携いただける企業様を随時、募集しております。

山形県　お問合せ先：山形県 県土整備部 県土利用政策課
TEL 023-630-2581・2660

※詳しい情報は「やまがた景観物語」公式サイトへ
https://keikan.pref.yamagata.jp

やまがた景観物語100

2024年2月9日 初版第1刷発行

監　修　山形県 県土整備部 県土利用政策課
発行所　株式会社 リンクス 出版部　〒990-0861 山形県山形市江俣二丁目9-30 1F　Tel.023-673-0265
発　売　日販アイ・ピー・エス株式会社　〒113-0034 東京都文京区湯島1-3-4　Tel.03-5802-1859
印　刷　シナノ書籍印刷株式会社　〒171-0014 東京都豊島区池袋4-32-8　Tel.03-5911-3355

ISBN978-4-9913327-0-8

掲載情報は2023年11月時点のものとなります。住所・電話番号など、変更となる場合があります。ご利用の際は、事前にご確認ください。